ATELIER

DE

LOUIS LELOIR

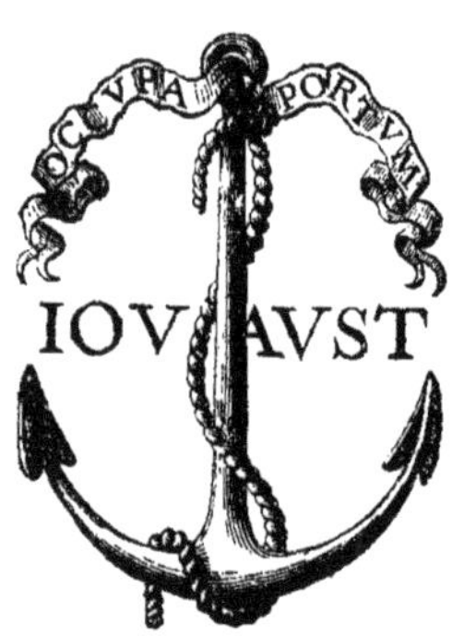
OCCVPA PORTVM
IOV AVST

ATELIER

DE

LOUIS LELOIR

ATELIER

DE

LOUIS LELOIR

OEUVRE POSTHUME

OBJETS D'ART ET DE CURIOSITÉ

ARMES, INSTRUMENTS DE MUSIQUE,

COSTUMES ET ÉTOFFES

BRONZES JAPONAIS ET AUTRES, MEUBLES ANCIENS, ETC.

NOTICES

PAR

MM. J.-G. VIBERT ET ÉD. DE BEAUMONT

PARIS

IMPRIMERIE JOUAUST ET SIGAUX

RUE SAINT-HONORÉ, 338

—

M DCCC LXXXIV

ORDRE DES VACATIONS

GALERIE G. PETIT — RUE DE SÈZE

Le Vendredi 28 Mars.

TABLEAUX ET ÉTUDES.

Le Samedi 29 Mars.

AQUARELLES ET DESSINS.

HOTEL DROUOT, SALLE N

Le Mardi 1ᵉʳ Avril.

ARMES, INSTRUMENTS DE MUSIQUE,
OBJETS VARIÉS, ÉTOFFES.

Le Mercredi 2 Avril.

COSTUMES, BRONZES, MEUBLES, TAPISSERIES,
SUITE DES ÉTOFFES.

Le Jeudi 3 Avril

(Salle n° 6.)

LIVRES, CONTINUATION DES COSTUMES,
OBJETS D'ATELIER.

EXPOSITIONS

GALERIE GEORGES PETIT
{ Particuliere : le Mercredi 26 Mars
{ Publique : le Jeudi 27 Mars

HOTEL DROUOT | Publique : le Lundi 31 Mars

DE 1 HEURE A 5 HEURES

LA VENTE AURA LIEU

PREMIÈREMENT

Les Vendredi 28 et Samedi 29 Mars, à 2 heures

GALERIE GEORGES PETIT

8, rue de Sèze

POUR

LES TABLEAUX, AQUARELLES ET DESSINS

SECONDEMENT

Les Mardi 1er, Mercredi 2, et Jeudi 3 Avril,
à 2 heures

HOTEL DROUOT, SALLE Nos 1 et 6

POUR

LES ARMES, INSTRUMENTS DE MUSIQUE,

LIVRES, COSTUMES, ÉTOFFES,

BRONZES ET MEUBLES

COMMISSAIRE-PRISEUR

Me LÉON TUAL, 39, rue de la Victoire.

EXPERTS

POUR LES OBJETS D'ART	POUR LES TABLEAUX
M. MANNHEIM	M. GEORGES PETIT
7, rue Saint-Georges	12, rue Godot-de-Mauroy

POUR LES LIVRES

M. MARTIN, rue Séguier.

LOUIS LELOIR

L peintre charmeur qui aurait pu faire encore tant de chefs-d'œuvre, l'homme de cœur qui laisse tant d'amis attristés, Louis Leloir, est mort à quarante ans, en pleine carrière, au moment juste où l'artiste, armé de toute sa science, en possession de tous ses procédés, voit clairement sa route et, dégagé de toutes contraintes, affirme enfin sa personnalité; mais bien que son œuvre, interrompu si prématurément, s'arrête presque au début, il en a fait assez pour que son nom soit conservé dans l'histoire de l'art, au XIXᵉ siècle, à côté des Géricault, des Marilhat, des Regnault, des Jaquemart, tous ces jeunes maîtres que la mort a fauchés dans leur sève.

Cet artiste au goût si exquis, ce raffiné d'élégance

avait l'âme tendre et l'imagination fougueuse d'un vrai
poète; il aimait la peinture en amant passionné, mais il
sut toujours maintenir son talent dans la forme de l'art
le plus pur; car c'était un peintre éminemment savant,
et il en est peu qui aient fait de plus sérieuses études.

Entré à l'École des Beaux-Arts à dix-sept ans, à
dix-huit il méritait le premier grand prix de Rome, mais
on le trouva trop jeune et il n'eut que le second; après
un succès si rapide, d'autres auraient quitté l'école ;
il y resta encore six ans, et tout ce beau temps des
premières fièvres où l'on voudrait tant vivre, voir le
monde entier, respirer tout l'air du ciel, il le passa
dans les ateliers, les musées, les salles d'anatomie,
travaillant sans relâche, avec le courage et la patience
d'un bénédictin. Lorsqu'il eut quitté l'école, il voyagea
deux ans, copiant les œuvres des maîtres anciens, en
Italie, en Allemagne, en Hollande; puis, résumant
toutes ses études, il consacra encore trois ans à faire
de grands tableaux d'histoire, où les figures nues
avaient toujours une grande importance ; en tout,
douze années d'un travail assidu, pendant lesquelles il
s'efforça de rester étudiant.

Ce n'est que lorsqu'il eut appris tout ce qu'on peut
apprendre qu'il se permit enfin d'être lui-même et
qu'il se livra aux délicieuses fantaisies qui hantaient
son cerveau ; mais, élevé à cette forte école, il voulait

que ces fantaisies eussent un corps. Ses nymphes, ses
fées, ses houris, sont de vraies femmes; il les bâtissait
en chair et en os, et, quand elles pouvaient marcher
sur de vraies jambes, il leur mettait des ailes et les
peignait dans le pays doré de ses rêves, nonchalam-
ment couchées sur des nuages d'opale, ou traversant
le firmament nacré sur des chars attelés de papillons
et d'hirondelles. Visions étranges et gracieuses, que
nul poète n'a mieux entrevues ni mieux réalisées que
lui.

Il fut aussi séduit par le côté pittoresque des temps
passés, et le XVIe siècle surtout l'attira. Aussitôt qu'il
eut pénétré dans cette belle époque de la Renais-
sance, il s'en éprit avec ardeur et il en reconstitua les
scènes familières avec toute la science d'un archéo-
logue, et aussi toute la passion d'un collectionneur,
mais d'un collectionneur éclairé, qui sait apprécier et
choisir.

Parmi toutes ces pièces rares qui vont figurer à sa
vente, telle arme est historique, telle mandoline que
l'on a vue aux mains d'un galant au coin d'une aquarelle,
et cette viole qui vibrait au *Repas des fiançailles,* sont
signées des noms les plus fameux. Les rapières et les
colichemardes qu'il suspendait aux baudriers de ses
soudards sont de vraies armes de prix, et ce chariot
de Thespis, qui suit la troupe des comédiens, il en

avait fait faire le modèle pièce à pièce d'après une gravure de Callot.

Et ces costumes, ces pourpoints de reîtres en peaux de renne chamoisées, ces cols de guipure de Venise, ces fraises en toile de Flandre godronnées, ces coiffures étranges des nobles dames de Bavière, ces lourds manteaux de bourgmestre, ces larges feutres d'une souplesse d'amadou, ces bonnets de cuir découpé, ces bottes à clous de bois, tout enfin, jusqu'aux boutons de métal ajourés, tout est entièrement du temps.

Aussi, lorsque, antiquaire jaloux de ses trésors, il se prêtait à lui-même ces objets rares, pour les peindre, les copiait-il avec un amoureux respect.

Un peintre, disait-il, doit toujours être ému quand il travaille. Lorsque je copie une armure ancienne, je pense que sous ce casque une bouche a parlé, sous cette cuirasse un cœur a battu, plusieurs hommes peut-être ont vécu et sont morts là dedans ; alors, suivant par la pensée cette armure à travers les tournois, les batailles, les mêlées terribles, j'éprouve une émotion que je communique à mon œuvre, — et que je n'éprouverais certes pas devant une ferblanterie de théâtre.

C'est pourquoi, dans tous ses tableaux, si remplis de détails dont pas un qui ne soit de la plus scrupuleuse exactitude, on retrouve toujours ces deux qualités maîtresses : une exécution vivante et fiévreuse, une conscience que l'on pourrait dire excessive, si la conscience en art pouvait jamais arriver à l'excès.

David, avant de vêtir ses personnages, dessinait toujours le nu ; sous les costumes de chambellans du *Sacre,* comme sous les uniformes des grenadiers, il y a des Antinoüs et des Hercules.

Quelques sceptiques se sont permis d'en rire : ils ont eu tort ; il faudrait rire aussi de Michel-Ange, qui modelait l'écorché avant de mettre la peau ; de Théodore Rousseau, qui faisait toutes les branches d'un arbre avant de le couvrir de feuilles, et de Meissonier qui, peignant Napoléon au soleil, en fit lui-même une statuette équestre, rien que pour en avoir l'ombre portée.

Pour faire comprendre combien Leloir était consciencieux, il suffira de raconter comment il fit cet éventail qu'il a laissé et qui est la dernière œuvre qu'il ait terminée. C'est en 1870 qu'il en eut la première idée, à Nuremberg, où il faisait d'après nature son fameux tableau *le Baptême;* il se promenait souvent sur les vieux remparts, et son esprit rêveur, évoquant les souvenirs des siècles disparus, aimait, disait-il, à peupler ces allées solitaires de graves bourgeois, d'*honnestes dames* et d'enfants joufflus tout empesés dans leurs vêtements de velours et de soie ; il avait déjà arrêté sa composition et commencé quelques études, quand la guerre le rappela subitement à Paris.

Pendant les années qui suivirent, d'autres travaux l'occupèrent, et ce n'est que l'été dernier qu'il exécuta enfin ce fameux éventail. Il était presque terminé, et c'était déjà le petit chef-d'œuvre que l'on sait ; mais lui n'était pas satisfait de la silhouette de la ville, que l'on voit au dernier plan ; le souvenir qu'il en avait gardé était un peu vague, et les documents qu'il avait rapportés lui semblaient insuffisants.

Quoique déjà malade, il alla seul à Nuremberg pour revoir son motif et en faire une étude précise.

On peut du reste se rendre compte de la façon sérieuse dont il travaillait, quand on voit le nombre étonnant de dessins et de croquis destinés à l'illustration de Molière. Il y a là une série de trente compositions pour lesquelles il avait fait plus d'études et recueilli plus de documents que s'il s'était agi de trente tableaux : beaucoup de ces études même sont plus finies que les dessins de l'édition.

Hélas ! d'autres illustrations devaient suivre qui restent inachevées. Tout le monde se rappelle les gracieuses sirènes, dont les enlacements langoureux serpentent sur la marge blanche d'une page du *Roman comique* de Scarron.

C'est la première feuille d'une édition qu'il avait fait faire exprès pour lui seul ; une édition magnifique de perfection et tirée à un seul exemplaire. Quelle fantaisie d'artiste ! quel pur joyau pour un bibliophile !

C'est avec un profond regret qu'on pense à ce qu'eût été ce livre, d'après cette première composition : que de grâce dans l'imagination, que de finesse et de précieux dans le modelé de ces nus ! Est-il un maître miniaturiste du XVIIIe siècle qui eût pu mieux faire ? C'est la perfection absolue. Et à côté de cet art du fini, quelle ampleur d'exécution, lorsque, pour reposer ses yeux et donner des vacances à sa main, il peignait de grands morceaux comme la *Chasse* et la *Pêche,* ces deux panneaux décoratifs restés sur chevalet ! Mais, pour dire tout ce qu'il a laissé d'intéressant, il faudrait citer tout ce qu'on a trouvé dans son atelier : il y a des tableaux presque achevés, des ébauches adorables où, sur la toile à peine frottée, semblent passer des songes, des croquis délicats où les fées s'éveillent souriantes aux premières caresses du crayon, des compositions microscopiques nées sur une feuille d'album, dans la fièvre d'une inspiration spontanée, des esquisses fougueuses rapides comme la pensée, des études ciselées jusqu'à la plus rare perfection.

Enfin, il y a là des merveilles, des œuvres de l'art le plus exquis, qui suffiraient à placer Louis Leloir au rang des premiers peintres de son époque.

J. G. VIBERT.

ŒUVRE POSTHUME

DE

LOUIS LELOIR

NOTA

*Chaque Tableau, Étude, Dessin, etc., de Louis Leloir,
non signé, a été marqué, suivant sa dimension, de l'une des
estampilles ci-dessous à l'encre rouge.*

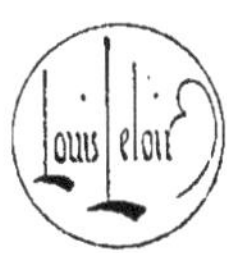 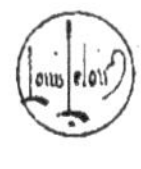

TABLEAUX ET ÉTUDES

1. — *L'Arrivée du Printemps.*

Charmante composition de deux figures ; deux jeunes femmes, enveloppées d'étoffes légères, parcourent l'espace sur un char traîné par des hirondelles ; la première tient les rênes, et l'autre, debout derrière elle, sème des fleurs sur leur passage.

H. 1m12. — L. 0m75.

2. — *La Vallée de Louèche, en Suisse.*

Un torrent descendant des montagnes passe dans le creux de la vallée ; sur le pont de bois qui relie les deux rives est arrêté un paysan tenant son cheval à la main. Les chalets du petit village de Louèche animent ce coin pittoresque.

H. 0m29. — L. 0m55.

3. — *La Pêche*.

Figure allégorique.

H. 2^{m}40. — L. 0^{m}90 .

4. — *La Chasse*.

Figure allégorique.

H. 2^{m}40. — L. 0^{m}90.

5. — *Jeux d'enfants*.

H. 0^{m}15 1/2. — L. 0^{m}25.

6. — *Le Papillon*.

Il est représenté par une jeune femme ailée dont les pieds reposent sur les fleurs de la prairie.

H. 0^{m}77. — L. 0^{m}37.

7. — *Nymphe assise jouant de la flûte de Pan*.

H. 0^{m}23. — L. 0^{m}15.

8. — *Intérieur de harem*.

Trois jeunes femmes sont étendues sur des divans. Une quatrième, debout devant elles, joue de la flûte; le fond représente des motifs d'architecture orientale.

H. 0^{m}44. — L. 0^{m}60.

9. *Une Idylle, jeune nymphe jouant de la flûte.*

H. 0ᵐ28. — L. 0ᵐ17.

10. — *La Confidence.*

Assis sur l'appui d'une fenêtre, un jeune garçon,
tout en fumant sa pipe, a engagé la conversation
avec une jeune femme assise devant son rouet
dans l'intérieur d'une maison. Le soleil pénètre
par l'ouverture de la fenêtre et les éclaire tous les
deux.

H. 0ᵐ40. — L. 0ᵐ39.

11. — *Conversation au harem.*

H. 0ᵐ19. — L. 0ᵐ32.

12. — *Jeune Mère et Enfant jouant avec un
chien.*

H. 0ᵐ63. — L. 0ᵐ49.

13. — *Soubrette à la fenêtre.*

H. 0ᵐ36. — L. 0ᵐ25.

14. — *Branches de pommier en fleur.*

Deux petits panneaux.

H. 0ᵐ18. — L. 0ᵐ09.

15. — *Étude de chamois.*

H. 0^m22. — L. 0^m41.

16. *Chien couché.*

Étude pour le tableau : *la Réprimande.*

H. 0^m17 1/2. — L. 0^m08 1/2.

17. — *Études de lions.*

H. 0^m23. — L. 0^m32.

18. — *Lion debout.*

Étude.

H. 0^m23. — L. 0^m31.

19. — *Deux Jeunes Femmes assises.*

Étude pour le tableau : *le Marchand d'oiseaux.*

H. 0^m23. — L. 0^m15.

20. — *Une Route en pleine campagne.*

Étude pour l'aquarelle : *la Marche forcée.*

H. 0^m24. — L. 0^m32.

21. — *La Fête du grand-père.*

Première pensée du tableau.

H. 1ᵐ00. — L. 0ᵐ70.

22. — *Intérieur d'une galerie en Angleterre.*

H. 0ᵐ50 1/2. — L. 0ᵐ76.

23. — *Un Rémouleur.*

H. 0ᵐ35. — L. 0ᵐ24.

24. — *Judith.*

Projet pour le tableau.

H. 0ᵐ21. — L. 0ᵐ23.

25. — *L'Arrivée au cabaret.*

H. 0ᵐ42. — L. 0ᵐ50.

26. — *Étude pour le tableau :* LA JUDITH.

H. 0ᵐ38. — L. 0ᵐ60.

27. — *Moine jouant de la contrebasse.*

H. 0ᵐ55. — L. 0ᵐ41.

28. — *Jeune Comédienne sur un âne.*

Étude pour le tableau : *les Musiciens ambulants.*

H. 0^m23. — L. 0^m14.

29. — *Un Martyr.*

Étude pour le tableau appartenant à M. Vibert.

H. 0^m24. — L. 0^m35.

30. — *Étude de femmes pour le tableau :* LA TEN-TATION.

H. 0^m18. — L. 0^m15.

31. — *Tête-à-tête.*

H. 0^m51. — L. 0^m41.

32. — *Étude de cheval exécutée pour l'aquarelle :* LA MARCHE FORCÉE.

H. 0^m26. — L. 0^m42.

33. — *Un Reître.*

H. 0^m23. — L. 0^m14.

34. — *La Charmeuse de serpents.*

H. 0^m55. — L. 0^m79.

35. — *Une Tête de soudard.*

H. 0^m15. — L. 0^m12.

36. — *Étude de chat.*

H. 0^m09. — L. 0^m18.

37. — *Serment d'amour.*

H. 0^m23. — L. 0^m18.

38. — *Carrosse Louis XIII.*

H. 0^m15. — L. 0^m23.

39. — *Un Pêcheur.*

H. 0^m21. — L. 0^m15.

40. — *Joseph reconnu par ses frères.*

Tableau de loge.

H. 1^m12. — L. 1^m40.

41. — *Les Musiciens ambulants.*

Étude pour le tableau.

H. 0^m34. — L. 0^m44.

42. — *Étude pour* LA CHASSE.

H. 0m18. — L. 0m33.

43. — *Deux Études pour les panneaux décoratifs*
LA PÊCHE *et* LA CHASSE.

H. 0m31. — L. 0m14.

44. — *Esquisse du tableau :* LA CHASSE.

H. 0m22. — L. 0m55 1/2.

45. — *La Toilette du papillon.*

H. 0m18. — L. 0m09.

46. — *L'Église du Tréport.*

Étude.

H. 0m24. — L. 0m32.

47. — *Étude de maisons,* souvenir de Nuremberg.

H. 0m34. — L. 0m24.

48. — *Les Murs de ville, à Nuremberg.*

H. 0m14. — L. 0m23.

49. — *Une Porte d'habitation.*

H. 0m26. — L. 0m21.

50. — *Un Torrent.*

Étude faite en Suisse.

H. 0m11. — L. 0m22.

51. — *La Tour de Berne.*

Étude faite pour l'aquarelle : *la Sérénade.*

H. 0m15. — L. 0m23.

52. — *Tête de femme.*

H. 0m30. — L. 0m24.

53. — *Tête de femme.*

H. 0m41. — L. 0m33.

54. — *Un Pont sur le Tibre,* souvenir de Rome.

H. 0m19. — L. 0m39.

55. — *Un Coin de la cathédrale de Sienne.*

H. 0m22. — L. 0m30.

56. — *Les Oliviers,* souvenir d'Italie.

H. 0m24. — L. 0m32.

57. — *Temple de la Sibylle,* souvenir de Rome.

H. 0m32. — L. 0m23.

58. — *Cascades de Tivoli,* souvenir de Rome.

H. 0m27. — L. 0m32.

59. — *Paysage avec rivière,* souvenir d'Italie.

H. 0m48. — L. 0m36.

60. — *Étude de porte.*

H. 0m15. — L. 0m23.

61. — *Une Rue à Eu.*

H. 0m55. — L. 0m40.

62. — *Étude de porte,* souvenir du Tréport.

H. 0m35. — L. 0m25.

63. — *Rochers en Bretagne.*

H. 0m30. — L. 0m18.

64. — *Une Ferme à Étretat.*

H. 0m22. — L. 0m32.

65. — *La Roche percée, à Étretat.*

H. 0m20. — L. 0m40.

66. — *Sentier à Étretat.*

H. 0m34. — L. 0m34.

67. — *Prairie sous bois.*

> H. 0ᵐ27. — L. 0ᵐ45.

68. — *Étude faite au Mont-Saint-Michel.*

> H. 0ᵐ47. — L. 0ᵐ3o.

69. — *Sous bois.*

> Étude faite à Fontainebleau.
>
> H. 0ᵐ6o. — L. 0ᵐ46.

70. — *Étude de rochers.*

> H. 0ᵐ23. — L. 0ᵐ34.

71. — *Paysage, marée basse.*

> H. 0ᵐ13. — L. 0ᵐ34.

72. — *Sentier sous bois.*

> H. 0ᵐ31. — L. 0ᵐ40.

73. — *Étude de paysage faite au Mont-Valé-*
rien.

> H. 0ᵐ17. — L. 0ᵐ27.

74. — *Étude de paysage pour le tableau :* LES
FIANÇAILLES.

> H. 0ᵐ20. — L. 0ᵐ3o.

75. — *Rochers en Bretagne.*

H. 0m09. — L. 0m18.

76. — *Route près de Rambouillet.*

Grisaille.

H. 0m80. — L. 0m58.

77. — *Route près de Rambouillet.*

Effet d'hiver.

H. 0m23. — L. 0m40.

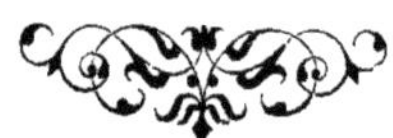

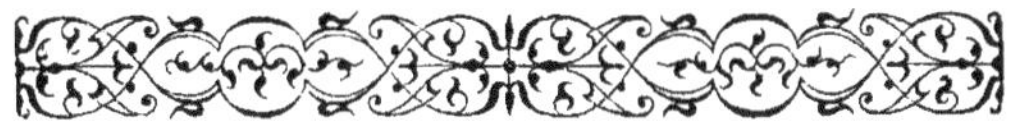

COPIES

D'APRÈS DIFFÉRENTS MAITRES

D'après BONIFAZIO.

78. — *Moïse présenté à la fille de Pharaon.*

H. 0m30. — L. 0m60.

D'après CARPACCIO.

79. — *Fragment d'une composition.*

H. 0m35. — L. 0m25

D'après LE CORRÈGE.

80. — *Saint Gérôme.*

H. 0m47. — L. 0m33.

D'après Carlo Crivelli.

81. — *Saint Géminien et saint Pierre le Domini-
cain.*

H. 0m40. — L. 0m18.

D'après Michel-Ange.

82. — *La Création* (chapelle Sixtine).

H. 0m37. — L. 0m75.

D'après Palme le Vieux.

83. — *Sainte Barbe.*

H. 0m37. — L. 0m15.

D'après Raphael.

84. — *Fragment de la fresque d'Héliodore.*

H. 1m00. — L. 0m74.

D'après Salvator Rosa.

85. — *Solitaire assailli par les démons.*

H. 0m30. — L. 0m23.

D'après André del Sarto.

86. — *Nativité de la Vierge.*

H. 0m34. — L. 0m58.

D'APRÈS ANDRÉ DEL SARTO.

87. — *Dispute de la Trinité.*

H. 0m30. — L. 0m26.

D'APRÈS LE TINTORET.

88. — *Saint Roch ravi au ciel.*

H. 0m28. — L. 0m46.

D'APRÈS LE TINTORET.

89. — *Crucifiement.*

H. 0m50. — L. 0m38.

D'APRÈS LE TINTORET.

90. — *Christ mort,* fragment.

H. 0m20. — L. 0m35.

D'APRÈS LE TITIEN.

91. — *La Vénus de la tribune à Florence.*

H. 0m25. — L. 0m36.

D'APRÈS LE TITIEN.

92. — *Saint Pierre martyr.*

H. 0m53. — L. 0m31.

D'après le Titien.

93. — *Deux Apôtres et Anges,* fragment de l'As-
somption.

H. 0m30 — L. 0m22.

D'après le Tintoret.

94. — *Miracle de saint Marc.*

H. 0m38. — L. 0m29.

AQUARELLES

ET

DESSINS

95. — *Les Murs de ville à Nuremberg.*

Très joli Éventail à l'aquarelle.

C'est jour de fête dans la ville ; plusieurs groupes se promènent sur la route qui longe les murs d'enceinte ; une jeune fille tenant deux enfants par la main occupe la droite ; au centre un jeune homme offre la main à une jeune femme ; enfin, plus en arrière, trois personnages arrivent en causant. Du haut de la terrasse, on aperçoit les constructions pittoresques de Nuremberg avec leurs pignons et leurs toitures en tuiles rouges.

96. — *Le Coucher du soleil.*

Une page du *Roman comique.*
Aquarelle.

97. — *Un Drame dans une carafe.*

> Suite de dessins originaux à la plume pour le livre de M. de Beaumont.

98. — *Figure composée pour l'en-tête du livre :* Un Drame dans une carafe.

> Dessin à la plume dans un très joli cadre rond en bois sculpté.

99. — *La Muse de Molière.*

> Très beau dessin à la plume.

100. — *La Pêche.*

> Dessin à la plume d'après le tableau exposé au Salon triennal en 1883.

101. — *Jeune Femme dans une prairie.*

> Projet d'éventail dessiné à la mine de plomb.

102. — *Soudard au coin du feu.*

> Dessin à la plume.

103. — *Café arabe près d'Oran.*

> Dessin à la plume et au crayon.

104. — *Figure tirée du tableau :* les Fiançailles.

Dessin à la mine de plomb.

105. — *Un Duelliste.*

Dessin à la mine de plomb et à la gouache.

106. — *Paysage, souvenir de Suisse.*

Exposition des aquarellistes 1882.

107. — *Un Bretteur.*

Dessin à la mine de plomb.

108. — *Portrait de Coquelin,* dans le Luthier de Crémone.

Dessin à la mine de plomb.

109. — *Alcantor.*

Dessin à la plume, gouaché, reproduit dans le *Livre d'or de Victor Hugo.*

110. — *Trophée d'instruments de musique.*

Dessin à la plume et gouaché.

111. — *Étude pour le tableau :* LA CHASSE.

Dessin à la mine de plomb.

112. — *Sirène.*

Projet pour le *Roman comique*.
Dessin à la mine de plomb et gouaché.

113. — *Sirène.*

Projet pour le *Roman comique*.
Dessin à la mine de plomb et gouaché.

114. — *Sirène.*

Projet pour le *Roman comique*.
Dessin à la mine de plomb et gouaché.

115. — *Projet pour le tableau :* LES MUSICIENS.

Dessin à la mine de plomb.

116. — *Soudard devant le feu.*

Dessin à la mine de plomb.

117. — *Un Lion.*

Dessin à la plume.

118. — *Jeune Femme hollandaise.*

Dessin à la mine de plomb.

119. — *Une Rue à Nuremberg.*

Dessin à la mine de plomb.

120. — *Les Musiciens.*

Dessin à la plume.

121. — *La Femme métamorphosée en chatte.*

Étude au crayon et à la plume.

122. — *Un Coin de rue à Nuremberg.*

Aquarelle.

123. — *Taverne à Nuremberg.*

Aquarelle.

124. — *Don Garcie de Navarre,* acte II, scène v.

Dessin au lavis et gouaché.

125. — *Georges Dandin,* acte III, scène vi.

126. — *L'École des maris,* acte III, scène VII.

Dessin à la mine de plomb, rehaussé de blanc.

127. — *L'École des maris,* acte III, scène VII.

Dessin à la mine de plomb.

128. — *L'Avare,* acte Ier, scène III.

Dessin à la plume et gouaché.

129. — *Le Mariage forcé,* scène IX.

Dessin à la mine de plomb.

130. — *Le Mariage forcé,* scène IX.

Dessin à la mine de plomb.

131. — *La Princesse d'Élide,* acte II, scène I.

Dessin à la plume et gouaché.

132. — *La Princesse d'Élide,* acte II, scène I.

Dessin à la plume et gouaché.

133. — *Le Misanthrope :* ALCESTE, acte II, scène I.

Dessin à la plume.

134. — *Les Amants magnifiques.*

Dessin à la mine de plomb et gouaché.

135. — *Les Amants magnifiques.*

Autre dessin à la mine de plomb et gouaché.

136. — *Psyché :* LE DIEU DU FLEUVE, acte IV,
scène IV.

137. — *Le Bourgeois gentilhomme* (portrait de
Berthelier), acte V, scène I.

Dessin à la mine de plomb et gouaché.

138. — *Le Bourgeois gentilhomme :* MADAME
JOURDAIN, acte V, scène I.

Dessin à la mine de plomb et gouaché.

139. — *Fourberies de Scapin :* GÉRONTE et SCAPIN,
acte III, scène II.

Dessin à la mine de plomb et gouaché.

140. — *Les Femmes savantes,* acte III, scène II.

Quatre dessins séparés, portrait de Coquelin
dans le rôle de Trissotin.

141. — *Don Garcie de Navarre*, acte II, scène II.

142. — *Les Précieuses ridicules*, scène IX.

> Portrait de Coquelin dans le rôle de Mascarille.
> Dessin à la mine de plomb.

143. — *L'École des maris*, acte III, scène VII.

> Composition complète au lavis.

144. — *La Critique de l'École des femmes*, scène VII.

> Composition complète au lavis.

145. — *L'Amour médecin*, acte III, scène VI.

146. — *Georges Dandin*, acte III, scène VI.

> Angélique et Claudine.

147. — *Le Bourgeois gentilhomme*, acte V, scène I : MONSIEUR et MADAME JOURDAIN.

> Dessin à la plume et au crayon.

148. — *Monsieur de Pourceaugnac*, acte III, scène III. Scène complète.

> Dessin à la plume et gouaché.

149. — *L'École des maris,* acte III, scène VII :
Valère à la fenêtre.

Dessin gouaché.

150. — *Étude* pour *la Muse de Molière.*

La figure de Molière est à l'aquarelle, et celle
de la Muse à la mine de plomb.

151. — *L'Arrivée des comédiens,* scène du *Roman
comique.*

Dessin à la mine de plomb.

152. — *La Charrette.*

Étude à la plume pour le tableau : *les Musiciens.*

153. — *Un Violoncelliste.*

Dessin à la mine de plomb.

154. — *Une Femme de Nuremberg.*

Dessin à la mine de plomb.

155. — *Une Servante d'auberge Louis XV.*

Dessin à la mine de plomb.

156. — *Nymphe couchée.*

Dessin à la mine de plomb.

157. — *Femme à l'épée.*

Dessin à la mine de plomb et gouaché.

158. — *Femme à l'épée.*

Variante à l'aquarelle.

159. — *Jeune Orientale.*

Dessin à la mine de plomb.

160. — *Façade d'une habitation à Nuremberg.*

Dessin à la mine de plomb.

161. — *Paysage près de Rambouillet.*

Dessin à la mine de plomb.

162. — *Une Vue de Nuremberg.*

Dessin à la mine de plomb.

163. — *Un Homme d'armes.*

Aquarelle.

164. — *Croquis du tableau :* L'HOMME AUX CHATS.

Dessin à la plume.

165. — *Lettre ornée : musicien jouant du trombone.*

Dessin à la plume et gouaché.

166. — *Chasseresse.*

Dessin à la mine de plomb.

167. — *Causerie intime.*

Dessin au crayon et gouaché.

168. — *Une Maison à Nuremberg.*

Aquarelle.

169. — *Projet pour une* JUDITH.

Dessin à la mine de plomb.

170. — *Projet du tableau :* LE PORTRAIT.

Dessin à la mine de plomb.

171. — *Croquis du tableau :* LE BAPTÊME.

Plume et crayon.

172. — *Une des figures pour le tableau :* LES FIAN-
CAILLES.

Dessin à la mine de plomb.

173. — *Différents croquis à la mine de plomb sur
une feuille,* et au dos *Trois motifs à l'aquarelle.*

174. — *Croquis à la mine de plomb pour le tableau :* LE PRINTEMPS.

175. — *L'Arrivée à l'hôtellerie.*

Croquis à la mine de plomb.

176. — *Étude d'homme.*

Croquis à la plume pour la fable de *la Femme
métamorphosée en chatte.*

177. — *Soldat en rouge.*

Aquarelle.

178. — *Le Chef d'orchestre. — Musicien. —
Amoureux.*

Trois croquis à la mine de plomb pour un
éventail.

179. — *Les Fiancés.*

>Groupe tiré du tableau : *les Fiançailles.*
>Dessin à la mine de plomb.

180. — *La Réprimande.*

>Dessin au lavis sur papier calque.

181. — *Études de casques.*

>Aquarelle.

182. — *Étude de poignards.*

>Aquarelle.

183. — *Croquis du tableau :* LA PÊCHE.

>Tête de guerrier Louis XIV.
>Croquis à la plume.

184. — *Une Rue à Pompéi.*

>Aquarelle.

185. — *Mascarille* dans *l'Étourdi*, acte IV, scène II.

>Croquis à la plume.

186. — *Psyché*, acte IV, scène iv.

> Composition d'ensemble dessinée à la mine de plomb sur papier calque.

187. — *Mélicerte,* acte II, scène iii.

> Composition d'ensemble dessinée à la mine de plomb.

188. — *Sganarelle,* scène xxi.

> Composition d'ensemble dessinée à la mine de plomb.

189. — *Georges Dandin.*

> Lavis à l'encre de Chine.

190. — *Mélicerte.*

> Croquis à la mine de plomb représentant Myrtil.

191. — *Psyché,* acte IV, scène iv.

> Croquis à la mine de plomb.

192. — *Enfant coiffant un chien.*

> Croquis à la plume.

193. — *Le Martyr.*

> Dessin au lavis.

194. — *Joseph.*

> Dessin à la sanguine.

195. — *Deux Études à l'aquarelle* pour le char du soleil dans l'en-tête du *Roman comique*, enfermées dans le même cadre.

196. — *Quatre Croquis de figures diverses* au crayon et à la plume.

197. — *Sept Croquis d'animaux,* lions et tigres, dessinés au crayon.

198. — *Quatre Croquis divers* à la mine de plomb.

199. — *Trois Croquis de femmes* à la mine de plomb.

200. — *Deux Croquis* à la mine de plomb.

> Projet d'éventail représentant une femme dans un char.

201. — *Six Croquis à la plume.*

> Trois au crayon s'attribuant à des tableaux exécutés et à des projets de tableaux.

202. — Sous ce numéro sont compris une série de *Dessins et Croquis* d'après nature montés sur bristol et exécutés par L. Leloir.

203. — Sous ce numéro sont compris une vingtaine de *Dessins et Croquis* exécutés par L. Leloir d'après les maîtres.

PLANCHES GRAVÉES

204. — *Tête de doge vénitien.*

Cuivre.

205. — *Buste d'homme avec collerette.*

Cuivre.

TABLEAUX ET AQUARELLES

PAR DIFFÉRENTS ARTISTES MODERNES

BUTIN.

206. — *Femmes au cabestan.*

Grand fusain.

207. — *Femme de pêcheur.*

Fusain.

208. — *Jeune Pêcheur normand.*

Fusain.

209 — *Pêcheuse.*

Fusain.

210. — *Pêcheuse.*

Fusain.

COLIN (Alexandre).

211. — *Christophe Colomb devant le concile.*

H. 0m36. — L. 0m49.

COLIN (Paul).

212. — *Barque sur le sable à Yport.*

H. 0m35. — L. 0m53.

DELORT.

213. — *Paysanne Louis XV.*

Cadre Louis XV en bois sculpté.

H. 0m20. — L. 0m14.

DETAILLE (Édouard).

214. — *Maréchal des logis des guides porte-fanion.*

Dessin important à la plume.

DUPRAY.

215. — *Charge de dragons.*

Daté 1875.

H. 0m34. — L. 0m26.

GÉRICAULT.

216. — *Le Maréchal ferrant.*

> Dessin à la mine de plomb.

217. — *La Charrette.*

> Dessin à la mine de plomb.

218. — *Cuirassier chargeant.*

> Dessin à la sanguine, catalogué dans l'ouvrage
> de Ch. Clément.

219. — *Les Courses de chevaux à Rome.*

> Croquis au crayon noir.

220. — *Dessin à la plume* sur papier calque, représentant le *Murat* qui est au Louvre.

GIACOMELLI (H.).

221. — *Une Invasion.*

> Aquarelle.

HARPIGNIES.

222. — *Une des tourelles du château de Béguin* (Allier).

Aquarelle.

INCONNU.

223. — *Étude de cheval.*

H. 0m32. — L. 0m40.

224. — *Étude d'âne.*

H. 0m22. — L. 0m27.

JACQUET (Gustave).

225. — *Jeune Fille à la chevelure blonde.*

H. 0m38. — L. 0m27.

LAMBERT.

226. — *Famille de chats.*

H. 0m32. — L. 0m40.

LELOIR (Maurice).

227. — *Le Duel aux lanternes.*

Exposition des aquarellistes, 1882.
Aquarelle.

228. — *Un Coin de la ville de Rouen.*

H. 0^m34. — L. 0^m26.

MEISSONIER.

229. — *Étude peinte pour son grand tableau,* 1807.

NITTIS (De).

230. — *Côtes d'Italie.*

H. 0^m09. — L. 0^m18.

VIBERT.

231. — *Deux Moines,* esquisse datée 1875.

H. 0^m34. — L. 0^m56.

232. — *Tambours surpris par l'orage,* époque Louis XV.

H. 0^m07. — L. 0^m09.

TABLEAUX ET DESSINS

ANCIENS

ALBERTI.

233. — *La Renommée.*

> Dessin à la plume reproduit dans la publication
> *l'Art pour tous.*

BOUCHARDON.

234. — *Néréides sur un triton.*

> Dessin à la sanguine, forme arrondie.
> Vente Colin.

BOUCHER (École de).

235. — *La Toilette.*

> Dessin au crayon noir.

ÉCOLE FRANÇAISE DU XVIIIe SIÈCLE.

236. — *Les Quatre Saisons.*

> Dessins à la mine de plomb.

237. — *Une Muse.*

Dessin à la mine de plomb.

238. — *Projet de décoration religieuse.*

Crayon noir rehaussé de blanc.

239. — *Dessin au crayon noir*, rehaussé de blanc, représentant un *Pape*.

240. — *Dessin à la sanguine*, représentant un *Jeune homme drapé dans un manteau.*

ÉCOLE FRANÇAISE.

241. — *L'Ascension.*

Dessin au crayon noir rehaussé de blanc.

ÉCOLE HOLLANDAISE.

242. — *Femme à la collerette* (cadre en bois sculpté).

243. — *Deux Mains,* l'une écrivant, l'autre feuilletant un livre, découpées dans un portrait.

ÉCOLE ITALIENNE.

244. — *Trois Croquis divers* à la mine de plomb.

HUET (J.-B.).

245. — *Paysage à l'aquarelle*, daté 1787.

PRUDHON.

246. — *Tête de Faune.*

Dessin au crayon noir.

VAN DER MEULEN.

247. — *Dessin à la sanguine*, représentant *Deux Militaires*.

WATTEAU.

248. — *Huit Dessins à la sanguine*, représentant *différentes compositions* et des *études d'hommes et de femmes*.

249. — *Six Dessins à la sanguine, croquis de femmes et de costumes.*

250. — *Six Dessins à la sanguine*, représentant des *études de figures et de costumes*.

251. — *Quatre Dessins à la sanguine*, représentant des *études d'hommes et de costumes*.

WATTEAU (École de).

252. — *Sosie.*

Dessin au crayon noir.

DIVERS.

253. *Deux Dessins anciens* à la plume, sur papier calque, représentant des *sujets tirés de l'histoire sainte.*

254. — *Aquarelle* rehaussée d'or sur parchemin, représentant *un danseur* dans l'un des costumes du ballet des *Quatre Nations,* époque Louis XIV.

255. — *Une Page de missel* en parchemin avec miniatures du XVe siècle.

256. — *Copie de l'aquarelle* du tableau de Rubens : *l'Arrivée de Marie de Médicis.*

257. — Sous ce numéro sont compris plusieurs *Dessins et Croquis anciens.*

ARMES ET COSTUMES

ARMES ET COSTUMES

ONSIEUR Jules Claretie a décrit en
termes charmants l'atelier de Louis
Leloir. « Dans cet atelier, a-t-il dit,
— où courent les étoffes précieuses
de velours ou de soie brochée d'or, dans cet atelier
élégant, aux fenêtres serties de plomb, avec une
porte sculptée et surmontée d'un balcon historié,
quelque Isabelle semble devoir montrer le bout de
son nez rose. »

C'est dans cet atelier si gentiment décrit que Louis
Leloir, ce précieux, ce délicat, ayant pour but de les
faire figurer dans ses tableaux, avait rassemblé, puis
groupé avec de beaux et rarissimes vieux instruments

de musique, *violes d'amour, cytoles, luths et man-dores,* un certain nombre d'armes anciennes. Ce sont des armes blanches et des armes à feu, depuis le gros mousquet de 1560, la moyenne arquebuse et l'épieu de chasse jusqu'à l'épée courte des reîtres et la longue rapière des traîneurs de chausses et des sacripants cosmopolites du temps de Cyrano de Bergerac ou de d'Artagnan.

Louis Leloir, ainsi que Callot, aimait à représenter dans toute leur forfanterie spadassine les types de la cavalière ou soldatesque gueuserie des Flandres espagnoles ou de la vieille Allemagne débraillée, dont les étudiants au XVIIIe siècle, à Leipsick, — raconte l'évêque Douglas, — demandaient l'aumône dans les rues, en manchettes de dentelle et l'épée au côté.

L'attirail d'acier, qui prenait des paillettes au soleil chez le peintre du ralliement et de la retraite, fut en partie rapporté par lui de Munich et de Nuremberg.

Il ajoutait ces détails séduisants par leur forme, en complément de nippes, d'abord aux précieuses pièces de costumes anciens qu'il possédait, puis à la plupart des ajustements et habits qu'avec tant de soins et d'exactitude, — en consultant Jost Ammon, Goltzius et le livre de Johannis de Brunes, — il s'étudiait à tailler, et pour ainsi dire à coudre lui-même. Tantôt c'était un pourpoint *à chiquelade,* tantôt des chausses façonnées *à la provençale, à la bougrine, à la braguesque, à la suisse,* des collerettes ou fraises finement tuyautées, ou bien encore c'étaient des chaussures soit *en vache d'Angleterre,* soit *en cuir mou,* qu'il faisait ouvrer ou taillader sous ses yeux.

Pour donner à tout cela un plus grand air de sincérité, il dictait le ton et les anciennes nuances à obtenir par la teinture moderne pour les étoffes qu'il employait avant de les faner ou de les user à son gré. Il empruntait des colorations de drap ou de velours à la liste publiée par d'Aubigné, dans son *Baron de Fœneste,* où se trouvent citées, parmi tant d'autres couleurs étranges, celles de *turquoise, orangé, zinzolin, tristamie, ventre de nonnain, amarante, espagnol malade* et de *baise-moi-ma-mignonne.* C'est afin de donner leur aspect véritable à ses chenapans d'Anvers ou de Bruxelles, à ses soudards en ripaille ou en retraite, à ses musiciens ambulants, — que représente son dernier tableau, — qu'il s'était ainsi appliqué dans ses recherches sur leur tenue en *jour ouvrable* de duels, de rapines, de déplacements ou de sérénades, ne négligeant aucun des détails de leur équipement, auquel il ajoutait les armes qu'il a rassemblées dans ce but. Si ces armes ne sont pas des pièces de grandes collections, du moins ont-elles, dans leur aspect particulier, un je ne sais quoi révélant qu'elles ont été choisies par un homme de talent et de goût exquis.

ÉDOUARD DE BEAUMONT.

ARMES

1. — *Épée allemande* (fin du XVᵉ siècle).

Sa haute poignée, garnie d'une simple croisette droite, est surmontée d'un pommeau piriforme orné de godrons ciselés en spirale. Cette monture est de *couleur noire;* la lame plate présente deux biseaux.

2. — *Grande Dague* ou *Dagasse* (XVIᵉ siècle).

La lame est façonnée à douces cannelures *aboutées.* Sa monture à longs quillons recourbés vers la lame se complète d'un pommeau à huit pans échancrés.

3. — *Courte Épée* (XVIᵉ siècle).

Sa monture d'acier, finement *vermiculée* au ciselet et colorée noire, se compose d'une branche de garde s'abaissant en deux courbes sur la lame et d'un garde-main rejoignant le pommeau. La lame plate et large est gravée au talon et présente dans une courte cannelure le mot *Fenecia.*

4. — *Plaute,* forte épée allemande (fin du XVIe siècle).

La lame, large et plate, est évidée vers le talon. Sa monture se compose de plusieurs branches étagées formant corbeille autour de la main; de deux *pas-d'âne* fermés et d'une longue croisette recourbée diagonalement en S. L'extrémité de ces branches et le milieu de celles qui forment la face des gardes sont ornés d'une sorte d'olive présentant, comme le pommeau, plusieurs profondes cannelures dans le sens de leur ovale.

5. — *Forte Épée allemande* (XVIe siècle).

Sa monture se compose d'une branche de garde recourbée en S et d'une large coquille façonnée à godrons comme le pommeau et les boutons qui terminent la croisette.

La lame plate et large de cette belle épée est à dos et à cannelures jusqu'aux deux tiers de sa longueur.

6. — Autre *forte Épée de fantassin allemand* (XVIe siècle).

Ses gardes en *couleur noire* se composent de branches formant coquille sur la main et d'une longue croisette recourbée en S. La lame, d'un seul tranchant, présente près du dos, sur chaque plat, une double cannelure qui se prolonge jusqu'à la pointe.

7. — *Schiavonèse*, petite épée de soldat de la garde esclavonne (Venise, XVIIe siècle).

Sa monture d'*acier fourbi,* découpée à jour et ciselée à

filets, enveloppe presque entièrement la main. Sa lame est,
jusqu'au tiers de sa longueur, légèrement cannelée sur
chaque plat.

8. — *Épée de côté* (XVIIe siècle).

Ses gardes d'*acier bruni* sont à branches contournées
autour de la main et à quillons tordus diagonalement en S.
Cette épée a son fourreau.

9. — *Petite Épée* (fin du XVIIe siècle).

Sa monture présente, repoussé et ciselé sur l'une des coquilles de sa garde, un écusson couronné portant une fleur
de lis ; il a pour support deux dauphins.

10. — *Très jolie Épée militaire* (XVIIe siècle).

Son corps de monture, ainsi que l'enchâssement de ses
deux coquilles de face et de revers très finement repercées
à jour, sont ciselés *en façon de balustre*. — Sa poignée
est garnie d'une torsade de laiton. — Sa lame, plate, un
peu large et légèrement cannelée dans toute sa longueur,
est d'un seul tranchant près du talon. De très délicats
entrelacs et des arabesques gravés et dorés la décorent
jusqu'à demi-longueur ; ils encadrent différents attributs ou
trophées formés de deux ancres en croix, de deux flèches,
de deux sceptres et plus bas de trois panaches, emblème
adopté par Laurent de Médicis et aussi par le prince de
Galles. Sur le talon figurent gravées et dorées les lettres

R. G. V. S., et sur l'autre face V. E. S. — Sur les plats de la lame se lisent cette signature et ces légendes :

CLEMENS. HORN. ME. FECIT. SOLING.
CONSTANTES. FORTUNA. JUVAT.
REGERE. SEIPSUM. SUMMA. SAP. EST.
NEC. TEMERE. NEC. TIMIDE. ANN. 1617.

11. — *Petite Épée du temps des Valois.*
Elle a été trouvée dans la Seine en face du Louvre.

12. — *Jolie petite Épée espagnole* (XVIIIᵉ siècle).

Le *corps de la garde* et sa coquille pleine sont, ainsi que le pommeau, décorés de très fines gravures. Sa lame est gravée jusqu'aux deux tiers de sa longueur.

13. — *Sabre wallon.*

La poignée, garnie d'une tresse en laiton, est surmontée d'un pommeau de cuivre jaune représentant une petite tête de lion à *gueule bée*, dans laquelle se passait le cordon de la dragonne.

14. — *Épée espagnole* (XVIIIᵉ siècle).

Ses gardes, formées d'une profonde coquille, de longs quillons droits et d'une branche de garde rejoignant le pommeau déprimé, sont décorées d'ornements gravés dans le goût français de 1720.

15. — *Épée à l'espagnole* (XVIIIᵉ siècle).

La coquille hémisphérique porte des traces de gravure.

16. — *Épée des gardes écossaises*.

La monture qui recouvre entièrement la main est *ouvrée* à jour et à filets gravés. La lame, plate et large, porte un poinçon espagnol.

17. — *Petite Dague à la suisse* (XVIᵉ siècle).

Monture d'acier en *couleur grise;* poignée évasée au sommet; gaines à coutelet et à poinçon sur le fourreau.

18. — *Coutelas allemand* (XVIIIᵉ siècle).

La gaine à garniture d'acier découpée à jour porte de face trois étuis pour coutelets et poinçon. Sa poignée est d'ivoire gravé.

19. — *Joli petit Couteau de chasse* (XVIIIᵉ siècle).

Sa lame est à demi-longueur, décorée d'ornements dorés sur fond *bleu paon.* Sa poignée est en ivoire, garnie d'argent ciselé, ainsi que son fourreau.

20. — *Cuchillo aragonais*.

Sa lame, plate et très aiguë, est garnie d'un manche d'ivoire à filets de laiton et prise dans une monture de cuivre jaune. Ses deux côtés sont ornés de rinceaux gravés au pointillé.

21. — *Gaine de Weydmesser* ou trousse allemande de vénerie (XVIIe siècle).

Sa garniture est de cuivre jaune.

22. — Autre *Gaine de large coutelas allemand* (XVIIe siècle).

Garniture d'acier ouvré à jour sur fond de drap rouge sanguin.

23. — *Copie* sur taffetas jaune pâle d'un *vieil étendard allemand*.

24. — *Porte-Étendard* garni de sa courroie de cuir rougeâtre (XVIe siècle).

Cette courroie, bouclée en ceinturon, servait, passée sur le col, à soutenir dans un étui le bas de la hampe du drapeau.

25. — *Kunda,* sabre indien.

Sa monture est de fer ciselé et plaqué d'argent. Sa lame, de fabrique espagnole, est à cannelures.

26. — *Épieu de chasse* (XVIe siècle).

Son fer, renforcé en losange, est de forme très aiguë. Sa hampe est enveloppée dans sa partie supérieure par une étroite courroie qui y est clouée avec de gros clous à tête ronde.

27. — *Belle Arme d'haste suisse* (XVᵉ siècle).

Sa lame, trois fois poinçonnée d'un petit écusson allemand, est d'un dessin très ferme, elle se termine en pointe
quadrangulaire.

28. — *Couse,* arme d'haste de gardes allemands (XVIᵉ siècle).

Sa haute lame, en façon de coutelas, présente, gravé sur
chaque face, l'écusson des armes de l'empereur Ferdinand.
Cet écusson, surmonté d'un grand F, est entouré du collier
de l'ordre de la Toison d'or.

29. — *Pertuisane* (XVIᵉ siècle).

Sa lame à deux pointes de croissant ou *rompini* est d'une
forme très élégante.

« La pertuisane était arme de fantassin, employée pour
blesser les archers qui étaient à cheval. » (Giacomo di
Grassi, 1560.)

30. — *Petite Hallebarde française ou allemande* (XVIᵉ siècle).

31. — *Très forte Arbalète à cric* avec son
cranequin (XVIᵉ siècle).

L'*arbier* ou fût est formé en partie de cornage de cerf.
Il est à la place de la joue et sous la *ligne de carreau,* plaqué de parties d'ivoire ornées de gravures représentant des
combats d'animaux et des ornements variés.

**32. — *Grand Mousquet à mèche* (XVIIe
siècle).**

Le fût, en bois de noyer, est *ouvré* à filets. — C'est
M. de Strozze, vers 1575, qui le premier fit adopter le
mousquet par l'infanterie française. — M. de Saint-Luc, en
1560, dit qu'un mousquet pesait vingt livres ; il avait qua-
torze pieds de haut.

**33. — *Bois ou Fût d'arquebuse à croc* ou
rouet d'Allemagne (XVIIe siècle).**

Il est orné de filets et garni, pour placer la clef du rouet,
d'une cachette présentant en dehors une plaque d'ivoire sur
laquelle sont gravés des ornements de rinceaux et un ours
courant.

« L'arquebuse à croc, dit M. de Praissac dans ses *Ques-
tions militaires* (1617), peut tirer trois cents coups par jour,
qui sont vingt-cinq par heure. Sa balle doit peser trois onces
et sa charge de poudre deux. »

34. — Autre *grosse Arquebuse suisse à rouet*.

Du même temps et de la même grandeur que la précédente.

**35. — *Long Pistolet italien à rouet* (XVIIe
siècle).**

Son fût ou *encornure* en bois de merisier est, près de la
crosse, très finement incrusté d'entrelacs de fil d'acier en
faible relief.

36. — *Pistolet italien* (fin du XVIIᵉ siècle).

Sa garniture de rouet et celle de la crosse sont décorées d'arabesques très finement gravées.

37. — *Fourche* ou *Forquine de mousquet* (XVIIᵉ siècle).

Sa hampe de bois noirci est ouvrée dans toute sa longueur. Dans sa partie supérieure, elle est façonnée en colonne torse très évidée. La monture est d'acier *au-clair*.

38. — *Petite Fourchette d'arquebuse* (XVIIᵉ siècle).

39. — *Grande Flasque* (XVIᵉ siècle).

Sa garniture est de peau *grainée*, et sa monture est de fer étamé.

40. — *Pulvrin* ou *Flasque* en acier de couleur grise (XVIᵉ siècle).

Sa face est toute ciselée à fermes rayures verticales.

41. — *Petit Amorçoir* ou *Pulvrin* (XVIᵉ siècle).

Il est de cuir, sa monture est d'acier bruni. Le devant présente une pochette en peau ou sac pour les balles. Il est garni d'une étroite courroie formant un large collier

pour le suspendre au cou. Ordinairement, on portait ce
genre d'amorçoir pendant au milieu du dos, comme on le
voit dans les gravures de Jost Ammon, 1584.

42. — *Pulvrin* allemand en corne de cerf
(XVIe siècle).

Il est formé de la partie bifurquée de l'andouiller et de
la perche, au-dessus de la base du cornage.

43. — *Flasque* ou *Corne à poudre* de mousquetaire flamand (XVIIe siècle).

Elle porte à la bandoulière, au-dessus de l'amorçoir, une
pochette en cuir « pour les balles, linges gras et autres,
pour torcher le mousquet ».

44. — *Longue Carabine* (XVIIIe siècle).

Les garnitures de la platine et de la crosse, sculptée près
du canon, présentent des ornements gravés.

45. — *Ceinturon de parement* (XVIe siècle).

Il est finement brodé à l'italienne. A ce genre de ceinturon, l'épée se suspendait parfois avec une petite écharpe
d'étoffe de soie.

46. — *Pendant* ou *Pendans d'épée* (XVIIe
siècle).

Il est en cuir de Smyrne doublé de buffle et tout orné de
piqûres formant des rinceaux et des filets.

47. — *Ceinturon de cavalerie* (XVIIIe siècle).

Il est de buffle piqué de blanc, garni de boucles et de quelques ornements en cuivre jaune.

48. — Autre *Ceinturon de cavalerie* (XVIIIe siècle).

Il est de buffle piqué sans autre ornement que la boucle de ceinture.

49. — *Ceinturon pour la cavalerie* (1740 environ).

Il est fait de buffle piqué en bordure.

50. — *Bandoulière d'infanterie* (1745).

La gibecière, garnie de maroquin rouge brun, est ornée de deux fleurs de lis, brodée à ses deux angles inférieurs. Elle est, ainsi que les *bandes* ou baudriers, bordée de galons relevés d'argent.

51. — Fragment de *Bandoulière d'infanterie*.

Elle est garnie de velours vert et portait sur le devant de la gibecière l'écusson des armes de France.

52. — *Bandoulière* (XVIIe siècle).

Elle est garnie de ses charges ou mesures en bois tourné

recouvert de cuir collé, et d'un petit sac à balles en peau blanche.

53. — *Petit Éperon* (XVIIe siècle).

Il est d'acier *au-clair* ciselé très finement.

54. — Lot de *trois Ceinturons* et *Fragments de pendants d'épées* (XVIe et XVIIe siècles).

55. — Lot de *Fourreaux d'épées* (XVIe et XVIIe siècles).

56. — Lot de différentes *Armes* et de *Pièces de fourniment militaire* (du XVIe au XIXe siècle).

COSTUMES

OMME fine fleur, en tête de la série de costumes que possédait Louis Leloir, nous devons de nouveau signaler aux amateurs d'objets charmants, curieux et rares, un certain nombre de pièces d'anciens ajustements d'un mérite de premier ordre.

Ces pièces remarquables, qui datent des XVIe, XVIIe et XVIIIe siècles, présentent pour la plupart un attrait exceptionnel. Non seulement elles intéressent à cause de leur ancienneté, de leur fraîcheur de conservation ou de leur aspect pimpant, mais aussi elles séduisent par l'expression qu'elles transmettent des modes, des usages et du luxe d'autrefois.

Nous citerons en première ligne, avec quelques brillants spécimens d'étoffes précieuses, plusieurs belles coiffes ou *Flinderhaubern* de dames de Nuremberg en 1670 ; puis, du même temps et de la même ville, deux bien curieux chapeaux, l'un ayant sans doute couvert le *chef* d'un bourgmestre, l'autre celui d'un magistrat ou d'un clerc. A côté de ces raretés figurent de grandes collerettes finement tuyautées, des *rotondes* de dentelle, des *gants coupés* en

soie brodée ou passementée, des bas à coins *récamés* d'or
et d'argent, des corsages de robes de 1710 à 1750 ; enfin,
sans plus parler de l'attirail féminin, ce sont deux rarissimes
manteaux d'homme taillés *à manches perdues,* le premier
en moire noire à bandes de velours *ciselé,* le second en drap
rouge, décoré sur la poitrine d'un petit écusson des armes
de Nuremberg peintes en miniature. Ces deux vêtements
sont de ceux que portaient vers 1670 les bourgeois de la
noble ville où naquit Albert Durer.

Dans le livre de gravures exposé comme renseignements
auprès des objets cités, livre représentant les costumes
usités au XVIIe siècle à Nuremberg, on voit ses magistrats
et ses notables vêtus de manteaux tout semblables à ceux
que nous venons de décrire; l'on voit aussi de coquettes
citadines avec les mêmes corsages baleinés et ces mêmes
grandes coiffes à réseaux d'or qui, après plus de deux cents
ans d'ancienneté, figurent aujourd'hui dans ce catalogue.

Éd. de Beaumont.

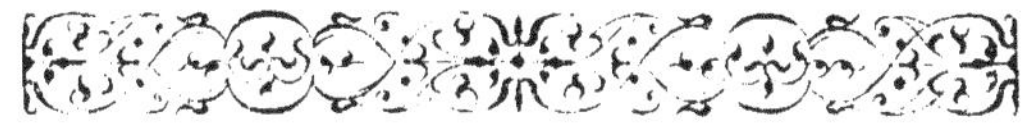

AJUSTEMENT MILITAIRE

ET COSTUME CIVIL

XVIe, XVIIe ET XVIIIe SIÈCLES.

57. — *Grand Collet* ou *Mantel de mailles* (XVIe siècle).

Le tour de cou est de *jaseran* renforcé. La pèlerine est bordée de mailles de laiton disposées en dentelures. — Les vêtements et pièces de mailles furent très en usage par toute l'Europe depuis le XVe siècle; encore en 1770, un *jaseran* à l'épreuve du pistolet coûtait en Allemagne 700 *thalers* environ 2,700 francs. Les harnais et pièces de mailles se conservaient jadis dans des coffres pleins de son

58. — *Grand Hausse-Col* ou *Gorgerin* d'acier (XVIIe siècle).

Il est bordé de *bossettes* en cuivre jaune, et présente sur sa face un trophée composé de pièces de canon, de lances et de pertuisanes.

59. — Autre *très grand Hausse-Col* du même temps.

Il est orné d'une bordure de *bossettes* de cuivre.

60. — *Buffle* à grandes *tassettes,* « justau-corps en peau de buffle ».

« Quelques-uns disent un *bufe,* mais mal », ajoute Richelet dans son Dictionnaire (1685).

Les reîtres furent les premiers qui eurent réglementairement le collet de buffle sans cuirasse.

Au XVIIe siècle, les gendarmes portaient « de beaux buffles, des colletins de buffle ». (Furetière, 1732.)

61. — *Buffle espagnol* ou *collet (de anté).*

Il provient de la collection de Mariano Fortuny. On faisait en Espagne les collets ou buffletins de peau de *anté* (sorte de buffle des Indes), *accoustrée* pour en faire des collets.

62. — *Grand Buffle à demi-manches.*

Leurs parements sont largement retroussés au coude. (XVIIe siècle).

63. — *Grand Buffle de couleur blanche.*

Il est à taille courte, sans garniture et taillé à longues basques ou *tassettes,* pour être porté à cheval (XVIIe siècle).

64. — *Justaucorps militaire* en buffle.

Garni au collet, sur la poitrine et aux parements retroussés sur le coude, de drap bleu de roi relevés de galon
d'argent (1670-1680).

CHAUSSURES, BOTTES MILITAIRES,
HOUSEAUX

**65. — *Bottes longues de muguet italien*
(1650).**

Cuir de *Hongrie brun lissé*. Le talon et les bords de la
semelle sont peints en rouge vermillon. — Sur l'un des
côtés, en haut de la tige, est fixée une étiquette ancienne
sur laquelle on lit : *Giacopo Butolini Venetiano, fecit
anno 1650.*

**66. — *Rarissime soulier allemand* de la fin
du XVe siècle.**

Il est de cuir fauve façonné, à bout très large, arrondi des
coins.

**67. — *Paire de Houseaux* ou fortes guêtres
de cuir à éperons (XVIIIe siècle).**

Les genouillères évasées en entonnoir sont ornées de
gros boutons de cuivre ciselés et d'ornements de piqûre.

68. — Autre *paire de Houseaux* à éperons.

La fermeture sur la jambe est formée par une petite bande de fer recouverte de cuir (1720-1760).

69. — *Paire de grosses Bottes militaires* à entonnoirs (1720 environ), cavalerie française.

70. — *Paire de Bottes allemandes* à entonnoirs (XVIIe siècle).

Elles ont leurs *surpieds* de cuir et des éperons d'acier dorés.

71. — *Paire de Souliers allemands.*

Ici nous plaçons comme rareté des plus comiques une énorme paire de souliers que Louis Leloir désignait ainsi : « Souliers de bal d'une nymphe du Rhin ». Poids : 3 kilos 17 grammes.

72. — *Très belle Coiffe, Flinderhauber* de dames de Nuremberg (1670-1675).

Elle est formée d'une carcasse de laiton recouverte de petit satin jaune ouaté et piqué ; le tout est extérieurement garni d'un réseau très à jour gaufré, en façon d'étoile à quatre pointes.

Le devant de la coiffe, encadrant presque entièrement le visage, est orné d'une dentelle d'argent relevée de cordonnet d'or.

Un support (ou champignon) en bois ouvré complète cet objet d'un intérêt de premier ordre.

73. — Autre *Coiffe de femme* de Nuremberg (XVIIe siècle) se développant en demi-cercle autour du visage.

Velours noir et fond de cannetille blanche, en forme de raquette sur le chignon.

74. — Autre *Coiffe de femme suisse ou fla-
mande*.

Elle est formée d'un *plissé* très serré en grosse dentelle
noire.

Sa doublure est de taffetas *Isabelle aurore*.

75. — *Paire de demi-manches*, dites *Manches volantes* ou *ailerons*, en satin *incarnadin* tout *récamé* à l'italienne (1560). Habille-
ment de femme.

Ces manches sont tout ornées de *broderies de rapport*,
fleurs et rinceaux, formées de découpures en soie blanche,
relevées en doublure et garnies de lisérés d'or où se mêlent
de petites paillettes d'argent.

76. — *Corsage* ou *casaquin* d'un vêtement
de femme de Nuremberg (1680-1700).

Il est de drap noir, orné tout autour et sur les *retroussis*
des manches, relevées au coude, de bandes en application de
chenille noire. Il est dans le dos très large, et, sur le devant,
taillé à longues pointes, tout garni de petites baleines. Le
tour de taille porte 85 centimètres; la dame n'était pas
précisément mince.

77. — Autre *Casaquin baleiné* de femme allemande (1720 environ).

Il est de drap noir à longues basques tombant seulement sur le ventre, assez développé, comme l'indique le tour de taille qui porte 75 centimètres. La garniture de ce corsage se compose de ganses et de galons de soie noire disposés en bordure.

78. — *Corsage de femme* ou *corps à baleines*.

Il est fait de soie violette, à grands bouquets de fleurs brochées couleur *au naturel*. L'ensemble est bordé d'un étroit galon d'or. Deux *coussinets* très rembourrés garnissent derrière chaque hanche le bas du corsage échancré à toutes petites basques (XVIIIᵉ siècle).

79. — *Cinq Corsages de femme*, tous garnis de baleines (XVIIIᵉ siècle).

80. — Très jolie *Robe volante* (1730-1740).

Soie couleur vert clair et bleuâtre à bandes et bouquets brochés en soie de plusieurs couleurs. Le devant et les manches sont agrémentés en dentelure, d'un ruban plissé garni de petits flocons de soie de couleur.

81. — *Devant de gorge* d'un corsage de femme de Nuremberg (XVIIIᵉ siècle).

Il est tout brodé de fleurons d'or.

82. — Autre *Devant de gorge*.

Soie bleue relevée de broderies de soie et d'entrelacs en lisérés d'argent.

83. — Autre *Devant de gorge*.

Garni de guipure (point de Venise) et de dentelle noire
(XVIII° siècle).

84. — Autre *Devant de gorge* à longue pointe (XVIII° siècle).

Drap d'or et dentelle d'or.

85. — *Devant de gorge* et *Tour de gorge* d'un corsage de femme (XVII° siècle).

Il est en point de Venise relevé de dentelle noire et bordé
près du cou d'un galon d'or.

86. — *Partie d'une Coiffure de femme allemande* (XVIII° siècle).

Elle forme une calotte de soie noire garnie d'un large
ruban également noir.

87. — *Morceau de Vêtement de femme* (XVI° siècle).

Velours de Gênes couleur pourpre, tout orné de tail-
lades verticales placées en quadrille et représentant des I
brodés de soie jaune à leurs deux extrémités.

Les spécimens de velours découpé pour costumes sont
d'une grande rareté dans les collections. Dans celles de
M. A. Dupont-Auberville, on n'en voit que deux exemples
seulement.

88. — *Peigne de coiffure de femme allemande*, à 43 dents (XVIIᵉ siècle).

Il est en ivoire finement ouvré à filets. Sa forme semi-circulaire servait à relever les cheveux pour les porter très haut sur le front.

89. — *Très beau morceau d'Étoffe de soie.*

Elle est glacée d'argent et toute parsemée de fleurs en satin découpé et *récamé* d'or. Ces fleurs sont des tulipes, des jacinthes, des iris et des fleurettes de couleurs variées (fin du XVIᵉ siècle).

90. — *Plusieurs morceaux de très beau Velours italien* (XVᵉ et XVIᵉ siècles).

Velours velu frappé et velours *à dessins rasés*.

91. — *Une paire de Bas de soie* couleur rouge cramoisi (XVIIIᵉ siècle).

Leurs coins sont ornés de larges broderies d'argent représentant des feuillages grimpants.

92. — *Une paire de Bas de soie* couleur bleu turquin (XVIIIᵉ siècle).

Mèmes broderies qu'à la paire précédente.

93. — *Autre paire de Bas de soie* couleur *cramoisi rouge* (XVIIIe siècle).

Leurs coins sont surmontés d'une couronne fermée se
dessinant par un travail de métier sur le fond de mailles,
qui est tout uni.

94. — *Quatre paires de Mitaines* ou *gants
coupés* (XVIIe et XVIIIe siècles).—Une paire
velours noir passementé d'or. — Autre,
soie bleue également passementée d'or. —
Autre, soie jaune pâle brodée de soie de
couleur pareille. — Autre, à très hauts
poignets dentelés et rabattus, soie jaune
brodée.

95. — *Mitaines d'enfant* bordées de soie
rose.

96. — *Gants de femme* soie chinée, brodés
aux poignets et sur la main.

97. — *Une paire de Souliers d'enfant* (XVIIIe
siècle).

98. — *Une paire de Manchettes* en guipure
(XVIIe siècle).

99. — *Une paire de Gants de femme*, fil ouvré à jour en zigzag.

100. — *Sept mètres de Passements* en façon de dentelle d'argent (XVIIIe siècle).

101. — *Béguin d'enfant*. Taffetas blanc décoré de rinceaux brodés en soie de plusieurs couleurs (XVIIIe siècle).

102. — Autre *Béguin d'enfant*, soie et dentelle.

103. — *Joli petit Bonnet* de toute jeune fille.

Il est de dentelle, doublé de soie rose pâle (1750 environ).

104. — *Petit Tablier de fillette*.

Il est en taffetas bleu de ciel, bordé, y compris sa bavette, de broderies en soie de couleurs variées; le tout est relevé en bordure d'un petit galon d'argent.

105. — *Petit Sac* doublé de soie rose.

Même étoffe et même travail que le petit tablier numéro précédent.

107. — *Petit Bonnet d'enfant* allemand.

Velours vert doublé et piqué.

108. — *Petite Collerette* de femme suisse.

Elle est très finement froncée et tuyautée sur quatre rangs. Dans le principe elle fut teinte en bleu d'azur.

109. — *Poupée allemande* du XVIIIe siècle.

Elle est vêtue d'étoffe noire et coiffée d'un chapeau de forme étrange.

110. — *Mantelin de parement.*

Tout petit manteau taillé en demi-cercle (XVIe siècle). Il est de velours *incarnadin*, largement bordé de beaux ornements à l'italienne, en appliques de soie découpée et *récamées* de fils d'or et d'argent.

111. — *Très curieuse Doublure* d'un demi-manteau taillé en cercle (1590 environ).

Il est de soie levantine couleur *citrin* broché en zigzag sur un fond de ton rosé.

112. — *Petit Camail* sacerdotal italien. Velours *rouge sang de bœuf.*

113. — *Très curieux Chapeau d'homme.*

Il provient d'une collection d'anciens costumes conservés

jadis à Nuremberg. Il est à larges bords et de forme haute et conique. Le satin noir qui le garnit en entier est, à partir du cordon de tour de tête, plissé de bas en haut tout autour de la forme. Au-dessus de l'oreille est fixé un floquet de ruban noir en boucles superposées. Ce chapeau a son ancien étui fait en feuillet de tilleul et de hêtre.

114. — *Étrange Coiffure d'ecclésiastique ou de magistrat* (Nuremberg, XVIIᵉ siècle).

Cette sorte de chapeau est formée d'un dessus rond plat et très mince, posé débordant de beaucoup sur un étroit bandeau semi-circulaire coupé brusquement à chaque bout sur les tempes.

115. — *Très rare et précieux Manteau* de citadin de Nuremberg (1670-1680).

Il est de moire noire, taillé à demi-manches, bouffantes aux épaules et se prolongeant en *manches perdues;* le haut de ces manches et les bords du manteau sont garnis de galons en velours noir brochés d'entrelacs et de fleurettes.

116. — *Autre Manteau* ou *casaque* en gros drap rouge (Nuremberg, 1680 environ).

Il est taillé tout semblable à celui que nous venons de décrire. Sur le côté gauche de la poitrine est suspendu par trois chaînettes un écusson de cuivre argenté encadrant un petit écusson d'armoiries peintes très finement en miniature. Ce sont les armes de la ville de Nuremberg.

(Voir, au sujet de ces deux manteaux et du grand chapeau de satin noir plissé, le livre des « Costumes de Nuremberg », *Nürenbergische Tracten* (1690 environ).

117. — *Grande Collerette* à plusieurs rangs tuyautés très dru.

Toile de ton jaunâtre (1690). Cette collerette a son étui.

118. — *Un petit Chapeau* (costume civil) (1750-1760).

119. — *Autre Chapeau* (costume civil), bordé d'un galon noir, même date.

Ces deux pièces sont extrêmement rares.

120. — *Une très curieuse Perruque* de bourgeois hollandais (1660-1670).

121. — *Une paire de Gants d'homme.*

Peau rouge non glacée, brodée de soie blanche (XVIIIe siècle).

122. — *Chasuble* italienne (XVIIe siècle).

Velours de Gênes, pourpre, parsemé de fleurons et de *flambes récamés* d'or et d'argent disposés en quadrilles.

123. — *Bonnet militaire* de vilaine forme
pointue (première république).

124. — *Paire de Gants* en peau très fine,
couleur chamois (première république).

Ils sont ornés de dessins imprimés en noir. Sur la main,
dans un médaillon formé d'une branche de laurier et d'une
palme, est assise l'effigie de la Révolution, tenant une pique
et coiffée d'un bonnet. Au-dessous du médaillon flotte sur
une banderole cette légende : *Vive la nation, l'union et la
liberté !* Plus haut, à l'endroit du poignet, on lit, imprimés
en gros caractères, ces mots : *Vive le roi !*

125. — *Habit d'été* complet de toile, couleur
gris rosé.

Il est orné de passements en soie de couleurs tendres et
variées. Les coutures du dos et des revers de manches sont
garnies d'appliques de soie rose. Le gilet et la culotte,
d'étoffe pareille, portent le même genre de garniture (1730
environ).

126. — *Habit de ratine* violette (1790).

127. — *Habit de taffetas couleur moutarde*
(1780-1785).

128. — *Habit de drap* gris clair à boutons de
soie.

129. — *Habit et Gilet de ratine* couleur lie de vin (1730-1740), de très bonne forme et bien conservés.

130. — *Habit en drap* de laine *bleu de roi* bordé à cheval d'un étroit galon blanc (1730-1740).

131. — *Habit en gros drap* gris de lin relevé de ganses rouges : boutons de soie rouge.

132. — *Habit de ratine* violette.

Le devant, les basques et le tour des poches sont garnis de passement (1730).

133. — *Houppelande* en très gros drap gris (1780).

134. — *Frac de taffetas* gris rayé (1787).

135. — *Frac en petit velours* gris verdâtre parsemé de fleurettes (1790).

136. — *Habit en bougran* de couleur orange (1780).

137. — *Habit en taffetas* gorge de pigeon.

138. — *Habit d'étoffe rayée* noire et jaune (1789).

139. — *Habit de ratine* violette (1789).

140. — *Habit de velours* gris à fleurettes (1760).

141. — *Habit en pou-de-soie vert de poireau* (1789).

SURCOTS, POURPOINTS ET CASAQUES.

142. — *Petit Surcot militaire* en buffle piqué (XVIIe siècle).

143. — *Manteau à manches*, forme du XVIIe siècle.

Velours noir frappé, doublé de velours couleur *isabelle orange*.

144. — *Pourpoint* de gros drap rouge, forme du XVIIe siècle (aquarelle *la Sérénade*).

145. — *Pourpoint* de drap rouge cinabre, taillé à petites basques et à collet montant, forme du XVIIe siècle.

146. — *Pourpoint* de velours blanc, garni au-dessus des basques de rosettes et de passepoil en satin bleu (tableau : *Les Fiançailles*).

147. — *Pourpoint* de velours *velu* de couleur bleu verdàtre, garni de nœuds de satin rose au-dessus des basques et tout bordé de satin rose et gris, forme du XVIe siècle.

148. — *Pourpoint* à demi recouvert de vieux velours gris de lin à reflets très délicats.

149. — *Pourpoint* de velours *feuille-morte*, garni de galon en soie de ton gris bleuâtre, forme du XVIIe siècle.

150. — *Pourpoint* de velours gris cendré, forme du XVIIe siècle.

Il est, ainsi que ses manches, de couleur crème, tout orné de galon d'argent.

151. — *Pourpoint* de velours *colombin.*

Le corps, les manches, le collet montant et le tour des basques sont garnis de *passements d'Italie.*

152. — *Pourpoint à maheutres* sans manches, en velours brun rosé (forme du XVIIe siècle).

Il a été taillé par Louis Leloir d'après une gravure du livre de Johannis de Brunes.

153. — *Pourpoint* de velours noir, garni de passements de soie satinée (XVIe siècle).

154. — *Costume d'enfant. Chausses et pourpoint* en velours vert forme du XVIIe siècle. (Tableau *le Grand-Père.*)

155. — *Pourpoint et haut-de-chausses* en drap gris tailladé à la suisse, mode du XVIe siècle. (Tableau : *Le Ralliement.*)

156. — *Surcot militaire à jupon*, velours gris foncé, tailladé à la suisse.

157. — *Casaque d'un costume d'homme* (modes de 1640 environ).

Satin bleu clair, manches tailladées. Haut-de-chausses de velours gris bleuâtre.

158. — *Grand Manteau* formé de bandes de gros drap rouge cousues diagonalement.

159. — *Petit Manteau* de drap écarlate à pèlerine rabattue.

Il est tout bordé de velours couleur ponceau. (Vente Zamacoïs.)

160. — *Cinq paires de Manches de pourpoint* (coupe du XVIIe siècle).

Velours rouge, noisette et bleu foncé.

161. — *Quatre paires de Manches de pourpoint* (coupe du XVIIe siècle).

162. — *Six Pourpoints* en drap et *un Manteau court* à manches (mode du XVIIe siècle).

LODIERS OU CHAUSSES

FORMES DES XVIe ET XVIIe SIÈCLES.

163. — *Chausses bouffantes*, velours *isabelle aurore*.

164. — *Autres, en gros drap rouge*, couleur sanguine.

165. — *Lodier bouffant*, velours blanc à lisérés de satin (tableau : *Les Fiançailles*).

166. — *Chausses bouffantes*, velours *couleur tannée*.

167. — *Autres en velours noir*, à boutons de soie.

168. — *Autres en vieux velours noir de Gênes*.

169. — *Lodier en drap rouge*.

170. — *Autre en soie de couleur rousse*.

171. — *Chausses* de velours vert pâle ornées de lisérés de soie.

172. — *Grand Lodier* bouffant en drap gris, très épais.

173. — *Chausses* de velours *couleur feuillemorte* à reflets gris très fin.

Elles sont garnies de boutons et de lisérés de soie.

174. — *Autres Chausses bouffantes.*

Velours gris jaunâtre relevé de passements d'argent et de soie.

175. — Lot de différentes *pièces de Vêtements d'homme* (XVIIe et XVIIIe siècles).

PARTIES DE VÊTEMENTS

D'HOMMES ET DE FEMMES

176. — *Deux Chapeaux à la capitan,* d'après les gravures d'Abraham Bosse.

Ils sont ornés d'un bouquet-plumes.

177. — *Huit Chapeaux* feutre gris tout cabossés pour personnages de chenapans et de musiciens ambulants.

178. — *Lot de Chapeaux.*

Un d'incroyable (1796), plusieurs claques du temps de la Restauration, un chapeau de gendarme et un grand chapeau d'Auvergnat.

179. — *Plusieurs Collerettes* différemment
tuyautées et une *paire de manchettes*
(modes du XVIIe siècle).

18o. — *Lot de Bas de soie* de couleurs variées.

181. — *Autre lot de quatre paires de Bas de
soie* d'hommes.

182. — *Deux paires de Gants* à hauts
poignets.

L'une en buffle, l'autre en peau d'Allemagne glacée
couleur fauve.

183. — *Trois Maillots d'homme* (laine).

Un maillot violet, un bleu verdâtre, et un mi-partie
rouge et noir.

184. — *Deux Maillots d'homme* (laine).

L'un jaune clair, l'autre *couleur tannée*.

185. — *Lot de quatre Perruques,* dont une
ancienne poudrée très curieuse (176o environ).

186. — *Corsage de femme.*

Copie en drap d'or d'un surcot du XVIe siècle. Il est à manches volantes ou ailerons.

187. — *Costume complet de fillette* (modes du XVIIe siècle).

Il est de damas bleu et de satin blanc. Il se compose d'une robe, d'un jupon, d'un tablier et d'une paire de souliers en peau blanche. (Tableau : *Les Fiançailles.*)

188. — *Corps à baleines* à longues pointes d'estomac et à retroussis aux coudes.

Velours rouge, garni de bandes en chenille de soie rouge (modes du XVIIe siècle).

189. — *Deux petits Corsages ou caracos.*

L'un en taffetas *couleur isabelle,* l'autre à rayures roses et vertes.

190. — *Trois grandes Jupes.*

Deux en étoffe de laine, et une en satin bleu d'azur, garnie de passements d'argent.

191. — *Jupon de femme suisse.*

Drap rouge à plis très drus tout autour.

192. — *Caraco et jupon en soie* rose carminée, ouatés et tout piqués à petits losanges (1760-1780).

Le jupon est, dans le bas, orné de jolis dessins piqués comme les devants du corsage.

193. — *Une autre ancienne et très belle Robe de femme* (1760 environ).

Satin *pourpre orange* à bouquets et à ramages de soie jaune d'or brochés. Le bord des manches courtes et le devant de la robe sont ornés d'un large plissé agrémenté de *fanfreluche* en soie floche.

194. — *Une Robe de femme* satin bleu broché de soie et garnie de passements d'or relevés d'argent, et une *Jupe de satin noir* doublée de satin jaune.

195. — *Cinq Corsages* de costumes de femme soie, satin, velours, et un *devant de gilet* brodé à fleurettes sur satin rose.

196. — *Un Corsage de soie* couleur *mauve*, tailladé sur fond de satin blanc.

197. — *Deux Corsages de femme,* l'un suisse, l'autre italien.

CHAUSSURES DE DIFFÉRENTS GENRES.

198. — *Deux paires de longues Bottes* (XVIIe et XVIIIe siècles).

199. — *Lot de dix-sept paires de Souliers* variant comme forme du XVe au XVIIIe siècle.

Ce lot sera divisé.

200. — *Lot de Chaussures étrangères.*

201. — *Chaussures de femme,* mules, souliers et une paire de petits sabots dorés.

202. — *Paire de petits Patins* ou *socques* en bois léger, chaussures de femme.

203. — *Pièces de Chaussures diverses.*

PIÈCES ORIENTALES

VÊTEMENTS

204. — *Très beau Cafetan de femme.*

Velours violet très orné de passements d'or.

205. — *Autre Cafetan de femme*, plus petit.

Il est tout orné de passements d'or et de gros boutons passementés disposés sur la poitrine. Les épaulettes de ses manches courtes sont largement soutachées d'or.

206. — *Petite Veste orientale* en velours bleu sombre.

Elle est découpée en cœur sur la poitrine et très ornée de larges rosaces en passements d'or.

207. — *Robe orientale d'homme.*

Velours rouge *ponceau carminé*, très orné de passements d'or.

208. — *Un Cafetan de Perse* en soie blanche, un *Burnous* algérien en drap rouge foncé et un très joli Costume complet d'élégant chinois.

ÉTOFFES ET PASSEMENTS

209. — *Lot d'anciennes Étoffes* brochées d'or et d'argent.

210. — *Quinze grands morceaux d'Étoffes anciennes*, satin de différentes couleurs, brochées d'argent ou brodées en soie.

211. — *Plusieurs grands morceaux de beau Damas incarnadin* (XVIIe siècle).

212. — *Six mètres de Damas* noir ancien et un grand carré de *moire noire* bordé de dentelle.

213. — *Quatre mètres de vieux Velours* de Gênes vert grisâtre.

214. — *Un grand morceau de Velours orange carminé*, provenant d'une robe de femme (1804-1810).

215. — *Cinq mètres de Velours* couleur *orange rouge*.

216. — *Cinq morceaux de Velours* de Gênes
uni, de couleurs différentes, et un morceau
de velours noir *récamé* de fil d'argent.

217. — *Deux morceaux de Velours orange
rouge,* trois mètres cinquante d'*ancien Damas, couleur tannée,* et deux grands *morceaux de Velours italien* de pareille couleur.

218. — *Cinq grands morceaux d'Étoffes de
soie* de diverses couleurs à ramages et fleurs,
brochés ou brodés.

219. — *Quatre mètres de Velours* chinois,
décoré de grands fleurons, se dessinant sur
le fond de drap d'or. ·

220. — *Lot de morceaux d'*une *Étoffe* tramée
d'or.

221. — *Glands, Franges et Galons* en pas-
sementerie et en soie floche (XVIIe et
XVIIIe siècles).

222. — *Autre lot de beaux Glands et
de Passementeries* à l'italienne (XVIIe et
XVIIIe siècles).

223. — *Cinq très grands morceaux d'Étoffe de Perse* (1640-1720).

Elle est à très beaux dessins en belles couleurs sur fond blanc.

224. — *Six morceaux de Serge.*

Cinq rouges et un bleu. Ils sont ornés de beaux rinceaux formés de galons piqués à plat (garniture de lit).

225. — *Trois belles Chemises de femme.*

Grosse toile ouvrée, en guipure et broderies de couleurs (provinces danubiennes).

226. — *Lot de trois Gilets* et de deux habits (XVIII⁰ et XIX⁰ siècles).

227. — *Lot de Coiffes et Bonnets de femmes* (modes anciennes).

228. — *Huit Bonnets d'homme,* velours, soie, laine.

229. — *Lot de plusieurs Culottes* en peau blanche et d'autres pièces de costumes.

230. — *Un lot de Manchettes, Bonnets, Cols, Fichus* en dentelle et en guipure.

231. — *Lot de différentes Étoffes* et parties
de costumes.

232. — *Froc de moine* avec ses sandales.

233. — *Lot de Bas de soie* de femmes.

234. — *Lot de Chemises anciennes.*

235. — *Deux grands Tapis de table* en très
belles étoffes de soie ancienne.

INSTRUMENTS

DE

MUSIQUE

INSTRUMENTS DE MUSIQUE

ANCIENS, RARES OU CURIEUX

236. — *Violon français du XVIIIe siècle.*

237. — *Par-dessus de viole.*

Il est à six cordes et de Nicolas Bertrand. Paris, 1714. Joli manche, décoré dans le style Louis XIV et orné d'une tête de femme finement sculptée.

238. — *Grande Viole d'amour.*

Elle est à bords découpés en pittoresques festons et montée de sept cordes de boyau et de dix cordes de laiton. Table décorée d'une rose et manche orné d'une tête bien sculptée. Très belle viole de grand patron : œuvre de Paul Alletsee, qui l'a faite à Munich en 1726; elle peut rivaliser avec celles du célèbre Tielke, de Hambourg.

239. — *Petite Basse de viole.*

Ce petit modèle de basse de viole à six cordes doit dater des premières années du XVIIe siècle. La table d'harmonie en est très pure. Pièce curieuse.

240. — *Basse de viole.*

Elle est à six cordes et du XVIIe siècle. La tête de lion qui décore le manche a beaucoup de caractère.

241. — *Basse de viole française.*

Elle est aussi montée de six cordes et le fond en est taillé à sifflet. Les coins de la table d'harmonie sont décorés de fleurs de lis dorées; le manche est élégamment orné et se termine par une tête fort bien sculptée. Cette belle pièce est due à Claude Pierray, qui l'a faite à Paris en 1712.

242. — *Violoncelle français.*

Il est de C. Flanbaux, luthier du XVIIIe siècle.

243. — *Mandoline italienne.*

Elle est de Carlo Steffanini et datée : *Mantua,* 1785.

244. — *Mandoline napolitaine* de 1788.

La table d'harmonie en est brisée, mais le fond en reste intact et est d'une forme élégante. Vernis napolitain.

245. — *Luth.*

Cet instrument, devenu si rare, est accompagné de son étui.

246. — *Mandore.*

Cette espèce de mandore, montée de huit paires de cordes, rappelle le luth par la forme du fond, qui est à côtes; le manche est fort large et décoré d'ivoires. Pièce curieuse.

247. — *Cistre-théorbe.*

On compte onze chevilles au premier de ses chevillers, et cinq au cheviller des cordes graves. Instrument allemand du siècle dernier.

248. — *Instrument à corps de luth.*

Le fond est à sept côtes.

249. — *Instrument à corps de luth.*

· Le corps est à neuf côtes et il est monté de douze cordes. La table est décorée d'une très jolie rose en ivoire découpé à jour; malheureusement, cette rosace a été cassée en partie : on peut cependant y lire encore ces mots : « Meling, à Paris. »

250. — *Archiluth italien.*

Ce superbe instrument, long de 1ᵐ08, est authentique de toutes pièces. Le corps, à quinze côtes d'ébène et d'ivoire formant marqueterie, soutient une table d'harmonie ornée d'une rose finement découpée à jour. Le manche, décoré

de médaillons en ivoire gravé, porte cette précieuse marque
de fabrique : « Matteo Sellas alla Corona in Venetia. » —
Pièce rarissime et du commencement du XVIIe siècle.

251. — *Théorbe allemand.*

Il est long de 1^m42, monté de vingt-quatre cordes
comme le numéro précédent et date aussi du XVIIe siècle.
La table d'harmonie est décorée d'une triple rose dorée.
L'instrument ne porte point de nom d'auteur, mais on
le doit à un habile luthier.

252. — *Chittarrone.*

Ce magnifique instrument, long de 1^m94, est en marqueterie de bois sur ivoire. La table est décorée d'une
triple rose d'un beau travail. Il porte son étiquette authentique, ainsi conçue : « Magno Dieffopruchar a Venetia,
1608. » — Un autre chittarrone du même luthier figure au
Musée du Conservatoire de Bologne ; il est daté de 1612.
Ce sont les deux seuls M. Dieffopruchar de ce genre que
l'on connaisse.

253. — *Tanbourah.*

Il est à quatre cordes et décoré de riches incrustations.

254. — *Sann-hinn.*

Cet instrument à trois cordes de soie, très aimé en Chine
et au Japon, a de hautes éclisses ; les deux tables sont faites
avec la peau d'un serpent que les Chinois appellent *tann.*

255. — *Nanga.*

Harpe à huit cordes des nègres d'Afrique.

256. — *Flûte harmonique.*

Cette flûte d'accord, qui n'est autre chose qu'un fla-geolet double, date du XVIIIe siècle.

257. — *Flûte de Pan.*

Elle a vingt-quatre tuyaux.

258. — *Hautbois.*

Il a trois clefs de cuivre et porte la marque de C. Kilian.

259. — *Cornemuse.*

Le portant et les bourdons de cette jolie cornemuse sont enrichis d'ornements et de fleurs de lis en plomb découpé.

260. — *Cor anglais.*

Les deux corps supérieurs sont recouverts de cuir; viroles de corne. Le pavillon, en bois jaune ainsi que les deux corps supérieurs, porte cette marque estimée et rare : « Bertani, Modena. »

261. — *Clarinette allemande.*

Elle a cinq clefs de cuivre d'une forme lourde, mais curieuse, et date des dernières années du XVIIIe siècle.

262. — *Basson.*

Il est des facteurs strasbourgeois Buhner et Keller; onze clefs de cuivre.

263. — *Basson allemand.*

Plus ancien que le précédent.

264. — *Cor des Alves.*

Cette trompette de bois de bouleau, rapportée d'Appenzell, a 1^{m}5o de long.

265. — *Trompe de chasse allemande.*

Elle est à un seul tour. On lit sur le pavillon cette marque célèbre : « Joh. Wilhelm Haas, Nürnberg. » Pièce rare du XVIIe siècle.

266. — *Cor de chasse allemand.*

Il est à trois tours et demi. Fin du XVIIe siècle.

267. — *Trompette simple.*

268. — *Trompette droite.*

Elle est longue de 1^{m}5o.

269. — *Trompette de cavalerie.*

Instrument de la fin du XVIIe siècle, portant la marque de fabrique suivante : « Frederic Ehe. Nürnberg. »

270. — *Trombone allemand.*

On lit sur le pavillon le nom du facteur Joh. Leonard
Ehe, de Nuremberg, gravé à la pointe.

271. — *Trombone allemand.*

Il est du XVIIIe siècle.

272. — *Tête de buccin.*

273. — *Tambour du XVIIe siècle.*

La caisse a 0^m42 de hauteur; le diamètre des mem-
branes sonores est de 0^m51. — Pièce rarissime.

274. — *Tambour français de* 1793.

Il est en parfait état de conservation et la caisse en est
décorée de peintures : sabres entrelacés, faisceau de dra-
peaux tricolores, médaillon couronné de lauriers et du
bonnet rouge, avec cette devise : « Liberté, Égalité. »

275. — *Tambourin de Provence.*

Modèle élégant et finement sculpté, qui date du temps
de Watteau.

276. — *Tambour de basque italien.*

Il a 0^m42 de diamètre.

277. — *Tambour de basque du Maroc.*

Cadre orné d'incrustations de nacre ; diamètre : 0^m22.

278. — *Cloche suisse.*

Elle a son battant et on la suspend au cou de l'animal qui conduit le troupeau à l'aide d'un collier plus ou moins soigné. Celui de cette cloche est fort beau.

279. — *Étui à calotte.*

Il est en cuir, orné de têtes de clous en cuivre jaune et porte les initiales V. C.

280. — *Étui de mandoline.*

Décoré comme le précédent et marqué des initiales F. D.

281. — *Étui de basse de viole.*

Il est du XVIIIe siècle, en cuir orné de larges clous de cuivre jaune formant dessin.

282. — *Lot de trois étuis en bois.*

283. — *Étui à deux corps.*

Il est revêtu de cuir et pour instrument à vent. Pièce ancienne et rare.

OBJETS D'ART

OBJETS D'ART

OBJETS D'ART EUROPÉENS.

284. — *Coffret en fer* du XVIe siècle, à couvercle
bombé, pieds droits et revêtement de bandes
ajourées à ornements gothiques.

285. — *Cantine allemande* du XVIIe siècle, de
forme sphérique, aplatie, en fer étamé, fermant
à moraillons et garnie de bandes d'ornements
rapportées et cloutées.

286. — Autre *Cantine* analogue et de même
époque.

287. — *Encrier en bronze* à trois pieds formés
d'enfants satyres accroupis et à couvercle surmonté d'une figurine de fumeur assis.

288 — *Grande Canette allemande* du XVIIe siècle, en étain gravé, à inscriptions, reposant sur trois pieds formés de têtes d'enfants ailés et à couvercle surmonté d'un écusson armorié et d'une chimère en ronde bosse.

289. — *Bronze de Barye.* Lion et serpent. Ancienne épreuve.

290. — TERRE CUITE : *La Jeune Mère*, joli groupe composé d'une jeune femme assise caressant un enfant nu, debout à ses côtés, et contemplant un autre enfant couché dans un berceau. Belle maquette française du XVIIIe siècle.

291. — BOIS SCULPTÉ : *Petit Chapiteau corinthien* finement sculpté, ayant conservé son ancienne dorure.

292. — *Sept Pots à anse,* en étain, de dimensions variées.

293. — BRONZE : *Vase de style antique* à pourtour décoré d'un bas-relief représentant une bacchanale.

294. — Cire : *Deux Bustes* modelés en haut-relief. Portrait de femme, avec costume confectionné en étoffe, et portrait d'homme couvert d'une armure. (XVIIe siècle.)

295. — Cire : *Statuette de petite fille*, debout, en costume de la fin du XVIe siècle; haut relief.

296. — *Figurine équestre* d'un mousquetaire du temps de Louis XIII, petit mannequin revêtu d'un costume en cuir et en étoffe, et montant un cheval en bois sculpté et colorié au naturel.

297. — *Petit modèle d'un ancien chariot* garni de nombreux accessoires, lanterne, seau, hotte, etc., et traîné par cinq chevaux en bois peint, avec harnais en cuir.

298. — *Traîneau* du XVIIIe siècle, à fond rouge décoré de guirlandes de fleurs.

299. — *Gourde* ancienne, de forme lenticulaire, recouverte en peau et garnie d'attaches et d'une bandoulière en cuir.

3oo. — *Gourde* et *Petit Seau* en cuir et en van-
nerie.

3oi. — *Petit modèle de Tonneau à bière.*

3o2. — *Verrerie de Bohême.* Deux grands vidre-
comes cylindriques à couvercles en verre vert
décoré à froid de personnages, d'armoiries et
d'inscriptions.

3o3. — *Verrerie de Venise et de Bohême.* Environ
15 pièces : carafes, coupes, bouteilles, verres
à pied ; seront vendues sous ce numéro.

OBJETS D'ART ORIENTAUX.

3o4. — *Deux grands Vases cylindriques* en bronze,
à figures en relief et à anses, formées par des
dragons. Ils reposent sur trois têtes d'éléphant
également en bronze et sur des socles ou tables
à trépied de bois sculpté. Travail japonais.

3o5. — *Brûle-Parfums* à panse sphérique, à deux
anses formées de trompes d'éléphant et à cou-

vercle surmonté d'un dragon. Cette pièce est décorée de dragons, de tortues et d'ornements en relief, et repose sur un socle élevé à cinq montants en bois dur avec tablette d'entrejambes. Travail japonais.

306. — *Fontaine* à panse ovoïde, à deux anses sur piédouche formé de plumes de paon et découpé à jour, à couvercle surmonté d'une chimère et goulot formé d'une tête de dragon. Cette pièce est décorée de palmettes et d'ornements en relief et repose sur un socle semblable à celui de la pièce qui précède. Travail japonais.

307. — *Cornet à panse* renflée et à arêtes saillantes en bronze. Travail chinois.

308. — *Vase à ouverture large,* en bronze, reposant sur un socle mobile formé d'un dragon.

309. — *Vase cylindrique* en bronze, entouré d'un dragon rapporté en relief, également en bronze. Travail japonais.

310. — *Flambeau* composé d'une tige de lotus tenue dans le bec d'une grue. L'oiseau est

placé sur un socle à pourtour ajouré, supporté par deux chimères debout sur un deuxième socle. Travail japonais.

311. — *Brûle-Parfums* ayant la forme d'un chien de Fô assis et tenant dans ses griffes une boule ajourée, garnie d'une double cordelette contre laquelle se dresse un second animal chimérique.

312. — *Vase en bronze* du Japon, en forme de balustre, à large ouverture et reposant sur trois pieds formés par des écrevisses.

313. — *Vase en bronze japonais,* en forme de bouteille, à patine brune, orné sur la panse de trois rosaces gravées; têtes de clous.

314. — *Crabe en bronze* du Japon.

315. — *Langouste* de grandeur naturelle, en bronze du Japon.

316. — Laque : *Deux Panneaux* étroits, décorés de fleurs et de branchages dorés avec crochets papillons rapportés en métal.

317. — *Aquarelles japonaises* sur soie et sur

papier : Douze kakémonos, tableaux japonais
et paravents représentant des fleurs et des
animaux, seront vendus sous ce numéro.

318. — *Narghilé* en métal noir recouvert d'ornements et d'incrustations d'argent.

PORCELAINES DE CHINE ET DU JAPON.

319. — *Deux jolis Plats ronds,* en ancienne porcelaine de Chine, décorés de fleurs, d'oiseaux et
d'ornements en émaux de la famille verte.

320. — *Plat rond* en ancienne porcelaine de Chine,
décoré au centre de fleurs et d'un vase de
fleurs polychromes et offrant au marli des
ornements et des fleurs sur fond varié de
nuances.

321. — *Cinq Plats ronds* en ancienne porcelaine
du Japon, de dimensions et de décors variés.
Ce lot sera divisé.

322. — *Fort Vase ovoïde* en grès du Japon, à fleurs

et feuillages en relief et émaillé brun verdâtre.
Il repose sur une petite table ou socle en bois
sculpté.

323. — *Deux Jardinières* rondes et profondes, en
poterie du Japon, à décor bleu et brun; personnages ébauchés.

324. — *Plat rond* dont le fond est légèrement
bombé, en ancienne porcelaine de Chine, à
décor bleu, fleurs et ornements.

325. — Autre *Plat* de même porcelaine, à décor
bleu à fleurs.

FAIENCES.

326. — *Fabrique de Savone.* — Grand vase ovoïde
à deux anses formant fontaine, à décor bleu,
sujet champêtre et ornements.

327. — *Fabrique italienne.* — Vase ovoïde de
pharmacie à anse double serpent et décor
bleu.

328. — *Fabrique italienne.* — Deux petits cornets, l'un à grotesques sur fond blanc, l'autre à rinceaux sur fond bleu.

329. — *Fabrique de Delft.* — Deux petites potiches à pans et à côtes, à décor bleu, fleurs et ornements.

330. — *Fabrique de Delft.* — Deux plats ronds décorés de fleurs, en bleu et rouge.

331. — *Fabrique de Delft.* — Petite potiche ovoïde à décor bleu, ornements et fleurs.

332. — *Grès de Flandre.* — Cruche à panse ovoïde, à décor de rosaces en gris sur fond bleu.

333. — *Cruche en terre* de Nuremberg, à décor réservé en relief sur fond vert.

334. — *Fabrique de Rouen.* — Plat rond, à décor bleu. Au fond, une rosace avec couronne d'ornements au pourtour et ornements feuillagés au marli.

ORFÈVRERIE.

335. — *Grande Écuelle* ou légumier Louis XV en argent, à oreilles plates ciselées à ornements rocaille. Le couvercle, de même style, est de travail moderne.

336. — *Plat rond* et creux, en argent, à côtes en spirale au pourtour et marli gravé, à ornements et à médaillons animaux repoussés en relief. Époque Louis XV.

337. — *Plat oblong* à contours et buire, de forme aplatie, en argent repoussé à ornements et feuillages. XVIIIe siècle.

338. — *Porte-Huilier* Louis XVI, en argent, avec burettes en verre taillé.

339. — *Deux Salières ovales,* en argent ciselé, à festons de fleurs et sur pieds de lion. Époque Louis XVI.

340. — *Plat rond* en argent orné de palmettes au bord.

341. — *Grande Cafetière* Louis XVI, en argent
repoussé et ciselé, à rinceaux, festons de feuillages, côtes en spirale et ornements variés.
Manche en bois noir.

CUIVRES ET BRONZES D'AMEUBLEMENT

342. — *Grand Lustre flamand,* en cuivre poli, à
seize branches porte-lumières disposées sur
deux rangs.

343. — *Lampe juive* à huit becs, en cuivre poli.

344. — *Bassin en cuivre repoussé,* décoré au fond
du sujet de la Salutation angélique dans un
double entourage à inscriptions (XVe siècle).

345. — *Plat ancien* en cuivre repoussé, à bos-
sages et blason et gravé à ornements variés.

346. — *Jardinière ovale* en cuivre repoussé, à
godrons, sur quatre pieds à griffes, avec anses
têtes de lions à anneaux mouvants.

347. — *Jolie petite Pendule* du temps de
Louis XVI, en biscuit, garnie d'ornements et
de feuillages, en bronze ciselé et doré. La Jeune
Fille au nid.

348. — *Deux Flambeaux* de style Louis XVI, à
tige et pied en marbre blanc et garnis de
bronze ciselé et doré.

349. — *Deux petits Bras appliques* à deux lumiè-
res, modèle rocaille en bronze du temps de
Louis XV.

350. — *Deux autres Bras appliques* à deux lu-
mières du temps de Louis XVI, ornés de
mufles de lion et surmontés d'un vase.

351. — *Deux Flambeaux* Louis XIII en cuivre
jaune tourné. Travail hollandais.

MEUBLES ANCIENS, MEUBLES D'ATELIER

352. — *Jolie Console* du temps de Louis XVI, en
bois sculpté, de forme cintrée, à bandeau
composé de feuilles de laurier et à trois pieds

cintrés ornés chacun d'une tête de bélier à laquelle est rattachée une guirlande de feuilles
de chêne. Dessus de marbre brocatelle.

353. — *Petit Bureau bonheur du jour* du temps
de Louis XV, en bois de rose et bois satiné
garni d'ornements en bronze doré. Une partie
desdits ornements a été rapportée.

354. — *Table à ouvrage* du temps de Louis XVI,
de forme ovale, en bois d'acajou, garnie de
bronzes ciselés et dorés et à dessus de marbre
blanc.

355. — *Jolie petite Commode* Louis XV, de forme
contournée, en marqueterie de bois à quadril-
lages, garnie d'ornements rocaille en bronze
doré et à dessus de marbre.

356. — *Table Louis XV* en bois de noyer sculpté
avec pieds reliés par un entrejambe avec vo-
lutes, orné d'un vase de fleurs. Le dessus est
formé d'une tapisserie à la main sur velours
violet.

357. — *Buffet Louis XV* à deux corps, en bois
sculpté, à pans coupés et le haut vitré.

358. — *Étagère porte-brocs* en bois sculpté, mufles de lion, palmettes et ornements. Travail hollandais.

359. — *Petit Bahut* en bois sculpté de la Renaissance, à montants ornés de cariatides.

360. — *Table* à quatre pieds tors et avec entrejambes en bois de noyer.

361. — *Pendule Louis XIV*, forme dite religieuse, en marqueterie de cuivre et écaille rouge, garnie de bronzes dorés et à cadran à cartouches émaillés.

362. — *Deux Fûts de colonnes* cannelées à chapiteaux ioniques, en bois sculpté avec rehauts de dorure.

363. — *Cadre de glace* de style Louis XV, en bois de chêne sculpté, à contours et ornements.

364. — *Glace avec cadre* en bois sculpté, doré en deux tons, composé de moulures, de feuillages et d'ornements.

365. — *Autre Glace*, avec cadre en bois sculpté et doré, surmonté d'un fronton découpé.

366. — *Petite Console* en bois sculpté et doré de style Louis XV, à dessus de marbre.

367. — *Deux petites Consoles* de suspension, en bois sculpté et doré, ornées chacune d'un dragon.

368. — *Meuble à deux corps* et à quatre vantaux en noyer sculpté du XVIe siècle, orné de chimères, mascarons et petites consoles, et de plaquettes en marbre.

369. — *Table carrée* de style gothique, sur pieds tréteaux reliés par deux traverses.

370. — *Table Henri II* à rallonges, supportée par quatre pieds sculptés en forme de vases ornés et reliés à leur base par une traverse horizontale.

371. — *Glace Psyché* en acajou, à filets de cuivre; les deux montants, formés de colonnettes cannelées, sont surmontés de deux vases Louis XVI.

372. — *Grand Meuble étagère* en laque rouge ciselé de Pékin, à fleurs et oiseaux en relief. Il

est garni de poignées et de charnières en cuivre gravé.

373. — *Banquette longue* en bois de chêne et à dossier sculpté.

374. — *Table-Console Renaissance* en bois de noyer, à deux pieds tournés reliés à leur partie supérieure par une frise représentant des enfants jouant avec des cygnes, et à fond plein orné d'un grand bas-relief d'un décor analogue à celui de la frise.

375. — *Plusieurs Chevalets* de peintre, porte-modèle, porte-cartons, selles, etc.

376. — *Mannequin de femme.*

377. — *Grand Fauteuil* de style Henri II, en bois sculpté couvert en velours vert et garni de clous à têtes de lion en cuivre doré, et d'une frange.

378. — *Fauteuil Louis XIII*, en bois tourné, couvert en cuir et garni de clous en forme de rosace et de fleurs de lis en cuivre.

379. — *Grande Chaise portugaise*, couverte en
cuir gaufré et garnie de clous à large tête en
cuivre.

380. — *Grand Fauteuil Renaissance*, en bois
sculpté, couvert en cuir, garni de clous à
large tête en cuivre et à dossier surmonté de
deux boules également en cuivre.

381. — *Deux Escabeaux Louis XIII*, en noyer
sculpté, à fleurs de lis.

382. — *Un Escabeau* de même style.

383. — *Fauteuil Louis XIII*, en bois tourné,
couvert en cuir, les montants surmontés de
têtes de lion sculptées.

384. — *Meuble de salon* du temps de Louis XV,
en bois de noyer sculpté, à fleurs et ornements. Il est couvert d'étoffe de soie brochée,
à fleurs polychromes sur fond havane clair. Il
se compose de deux canapés, quatre bergères
et trois chaises.

385. — *Grand Canapé* de style Louis XV, en
bois sculpté et doré, couvert de satin bleu
clair, broché à fleurs.

386. — *Bergère Louis XV,* en bois sculpté et doré, couverte en satin rose.

387. — *Plusieurs Tabourets,* variés de forme, en chêne, seront vendus sous ce numéro.

TAPIS.

388. — *Beau Tapis d'Orient,* décoré d'animaux, d'oiseaux et de fleurs polychromes sur fond bleu foncé et à bordure rouge à rinceaux, feuillages et animaux.

389. — *Autre Tapis d'Orient,* à rosaces rehaussées de blanc sur fond brun et à bordure de même nuance et de décor analogue.

390. — *Grand et beau Tapis d'Orient,* décoré d'animaux, de fleurs et d'entrelacs polychromes sur fond rouge avec large rosace ornementée sur fond bleu foncé et bordure à compartiments de nuances variées.

391. — *Petite Carpette orientale,* à dessins blancs sur fond chamois.

392. — *Portière en drap rouge,* avec applications d'ornements en étoffe de soie jaune ; au

centre, un large écusson armorié surmonté
d'un chapeau de cardinal (XVIIe siècle).

393. — *Quatre Rideaux* de croisées, en satin jaune
clair avec lambrequins en soie de même
nuance, brochés à fleurs polychromes.

394. — *Grand Tapis* en drap bleu foncé, parsemé
de fleurs variées en broderie de couleur avec
bordure à imbrications en point de Hongrie
(XVIIe siècle).

TAPISSERIES.

395. — *Fragment de Tapisserie gothique* représentant une jeune femme offrant une colombe
à un jouvenceau pinçant de la lyre. Le fond
vert est rehaussé d'arbustes et de fleurs.

H. 2^m00. — L. 1^m55.

396. — *Tapisserie Renaissance* à sujet de chasse
au renard, et bordure composée de figures
allégoriques et de vases de fleurs. Les personnages portent de riches costumes du temps de
Henri II.

H. 3^m10. — L. 3^m40.

397. — *Fragment de Tapisserie Renaissance* représentant diverses scènes champêtres dans un pa_sage. Elle est bordée de trois côtés de figures allégoriques, de fleurs et d'ornements.

H. 3m30. — L. 2m30.

398. — *Fragment de Tapisserie gothique* représentant diverses scènes tirées de l'histoire de David et composé d'un grand nombre de personnages en riches costumes du XVe siècle.

H. 3m30. — L. 3m50.

399. — *Tapisserie verdure* avec encadrement composé de fleurs.

H. 3m00. — L. 3m30.

400. — *Jolie Tapisserie* du temps de Louis XIV, représentant un sujet tiré de l'histoire de Diane, composition de trois personnages dans un paysage. Encadrement simulant un cadre doré décoré de rosaces.

H. 3m70. — L. 1m80

LIVRES ET GRAVURES

LIVRES ET GRAVURES

401. **Albums japonais**. Scènes de mœurs, costumes, paysages, etc. 11 vol. in-8, br.

402. **Anacréon** en belle humeur, ou la Soirée de Paphos. Chansonnier françois. *Paris, Desnos* (vers 1780), in-18, mar. rou. tr. dor., rel. anc. 13 *jolies vignettes.*

403. **Aquarellistes français** (Société d'). Ouvrage d'art publié avec le concours artistique de tous les sociétaires. Texte par les principaux critiques d'art. *Paris, Launette,* 1883, 7 fasc. in-fol. *Gravures en couleurs.*

    Exemplaire numéroté sur papier du Japon.

404. **Aquarellistes français** (Société d'). Catalogues des expositions. *Paris, Jouaust,* 1re année, 1879 à 1884, 5 vol. gr. in-8, d.-rel. mar. br. n. rog. et 1 vol. br. Fig.

    Papier du Japon.

405. **Balzac**. Les Contes drôlatiques colligez ez abbayes de Touraine. *Paris, Garnier,* in-8, d.-rel. ch. rou. *Illustr. de G. Doré.*

406. Beaumont (Éd. de). L'Épée et les Femmes. Cinq
dessins de Meissonier tirés hors texte. *Paris, Jouaust,*
1881, pet. in-4, mar. rouge, tête dorée, n. rog.

Exemplaire sur papier de Hollande, avec double épreuve
des gravures avant et après la lettre. Envoi d'auteur.

407. Beaumont (E. de). Un Drame dans une carafe. Dessins par Louis Leloir. *Paris, Jouaust,* 1882, in-8, cart.

Un des 15 exemplaires sur papier du Japon, avec double
épreuve de la figure avant et avec la lettre.

408. Blaeu. Le Théâtre du Monde, ou Nouvel Atlas.
Amsterdam, 1644, in-fol. parch. *Cartes coloriées.*

409. Brantôme. Œuvres complètes. *Paris,* 1853, 2 vol.
gr. in-8, br.

410. Brunes (J. de). Emblemata. *Amsterdam,* 1623, pet.
in-4, parch.

Orné de 53 jolies gravures sur cuivre dans le genre de
Crispin de Passe.

411. Cats (J.). Prouf-Steen van den Trou-Ringh. 1636,
pet. in-4, parch. *Nombr. figures dans le texte.*

412. Chevigné (Comte de). Les Contes rémois. *Paris,*
Lévy, 1858, in-12, d.-rel. v. fauve.

Premier tirage des vignettes de Meissonier.

413. Chevigné (Comte de). Les Contes rémois. *Paris,
Lévy*, 1861, in-8, d.-rel. mar. vert, tête dorée, n. rog.
Vignettes de Meissonier.

414. Comines (Phil. de). Mémoires. *Bruxelles*, 1706, 3 vol.
in-8, v. *Portr.*

415. Costumes de Nuremberg au XVIIe siècle. Recueil
de 39 jolies gravures sur cuivre en 1 vol. pet. in-4 obl.,
cart.

416. Costumes. Curioser Spiegel in welchem der allge-
meine Lauf des gantzen menschlichen Lebens, von der
zærtesten Kindheit an bis in das gestandene Alter.
Nürnberg, Endtersseel Erben (vers 1700), pet. in-fol. cart.

   Curieuse suite de gravures sur bois, coloriées, très intéres-
   santes pour les costumes du commencement du XVIIIe siècle.

417. Costumes. Reproduction de gravures sur bois d'après
Dürer, Burgmaier, Schaufelein, Cranach. En 1 portef.
in-fol.

418. Dessins chinois. Suite complète de dix-huit jolis
dessins très finement exécutés au trait d'or, sur fond noir
et légèrement coloriés ; montés sur papier fort dans une
boîte en soie.

419. Durer (Albert). La Passion, reproduite d'après la collection Lange. 16 planches en 1 portef. in-fol.

420. Franco (Sebastiano), Weltbuch-Spiegel und Bild-
nisz des gantzen Erdtbodens, 1534. — Naturbuch von
Nutz-Eigenschafft Wunderwirckung... *Franckenfurt am
Mayn, 1534.* En 1 vol. in-fol. v. gauf., rel. du temps.
Curieuses figures sur bois.

421. Fronsperger. Kriegsbuch. *Franckenfurt am Mayn,
1573,* in-fol., peau de truie gaufrée à froid, rel. du temps.
Curieuses figures sur bois.

422. Gautier (Th.). Mademoiselle de Maupin. Double
Amour. Réimpression textuelle de l'édition originale;
notice par Ch. de Lovenjoul. *Paris, Conquet, 1883,*
2 vol. gr. in-8, br. *Portraits par L. Leloir.*

> Exemplaire sur papier du Japon, avec trois épreuves des
> portraits, eau-forte, avant et avec la lettre.

423. Gautier (Th.). Mademoiselle de Maupin. Huit
épreuves des 1er, 2e, 3e et 5e états des portraits par
L. Leloir.

424. Gay (V.). Glossaire archéologique du moyen âge et
de la renaissance. *Paris, 1882,* 2 livr. in-4. *Fig.*

425. Gravelot. Planches gravées d'après plusieurs posi-
tions dans lesquelles doivent se trouver les soldats.
Paris, 1766, 12 grandes planches in-fol.

426. Gravures anciennes. Costumes civils et militaires,

par de Gheyn, A. Bosse, de Liagno, Bonnart, Callot.
Estampes d'après A. Dürer, Burgmaier, Rembrandt, etc.
— Vues de Paris, caricatures.

Ce lot sera divisé.

427. HERBINIUS. Dissertationes de admirandis mundi cata-
ractis. *Amstelod.,* 1678, pet. in-4 v. *Pl.*

Aux armes du duc de Montausier.

428. HORATII Opera, cum commentario ad modum Joan-
nis Bond. *Parisiis, Didot,* 1855, in-18, mar. rou. fil., tr.
dor. (*Lortic.*) *Vignettes photographiées.*

429. HORATII Flacci Emblemata, imaginibus in æs incisis
notisque illustrata studio Othonis Vænii. *Antverpiæ,*
1607, in-4, parch. *Belles gravures.*

430. HUGO (Le Livre d'or de Victor), par l'élite des artistes et des écrivains contemporains. *Paris, Launette,*
1883, in-4, br. Dessins de MM. L. Leloir, Berne-Belle-
cour, Bonnat, Detaille, Feyen-Perrin, Henner, Jacquet,
Laurens, Vibert, Ziem, etc.

Exemplaire sur papier du Japon, avec les gravures avant la
lettre.

431. HURTADO DE MENDOZA. Lazarille de Tormès. *Paris,*
1846, gr. in-8, cart. *Illustr. de Meissonier.*

432. JOST AMMAN's Wappen- und Stammbuch, 1589.
München, 1881, in- 8, parch. *Fig.*

433. Lacroix (Paul). Les Arts au moyen âge et à l'époque de la renaissance. *Paris, Didot, 1869, gr. in-8, d.-rel. mar. viol. tête dorée, n. rog. Planches en couleurs.*

434. Lacroix (Paul). XVIIIe siècle, institutions, usages et costumes. *Paris, Didot, 1875, gr. in-8, d.-rel. mar. viol. tête dorée, n. rog. Planches en couleurs.*

435. La Fontaine. Fables, avec introduction par Saint-René-Taillandier, ornées de douze dessins originaux de Bodmer, Brown, Daubigny, Detaille, Gérôme, L. Leloir, Lévy, Millet, Rousseau, Stevens, Worms. *Paris, Jouaust, 1873, 2 vol. gr. in-8, d.-rel. mar. Laval., coins, tête dorée, n. rog.*

436. La Fontaine. Contes. Les vingt estampes dessinées par Fragonard et Touzé, réduites et gravées à l'eau-forte par T. de Mare. *Paris, Conquet, 1881, 4 livr. in-4.*

> Épreuves du troisième état, sur papier de Hollande, avant la lettre.

437. Leloir (Louis). Suite de 32 gravures pour le théâtre de Molière, édition Jouaust, in-4, en feuilles.

> Épreuves avant toute lettre.

438. Littré et Robin. Dictionnaire de médecine. *Paris, Baillière, 1873, gr. in-8, d.-rel. ch. n.*

439. Longus. Les Amours pastorales de Daphnis et de Chloé. *Paris, P. Didot l'aîné, 1800, pet. in-18, papier

vélin, portrait par Saint-Aubin, mar. rou., fil. tr. dor.
(*Capé.*)

440. Manesson-Mallet. Les Travaux de Mars, ou l'Art
de la guerre. *Paris,* 1691, 3 vol. in-8, v. *Vignettes et
plans de villes.*

441. Meissonier. Le Fumeur. 1843. Eau-forte sur Chine.

442. Menzel (Ad.). Illustrations des œuvres de Frédéric
le Grand, gravées sur bois, par Vogel, Unzelmann et
Müller. *Berlin, Wagner,* 1882, 4 vol. gr. in-4, cart.

Exemplaire sur papier de Hollande, avec figures sur Chine.

443. Menzel. Geschichte Friedrich's des Grossen. *Leipzig,*
1876, gr. in-8, d.-rel. mar. Laval., coins, tête dorée, n.
rog. *Figures sur bois.*

444. Monument du Costume. Les trente-six estampes
dessinées par Moreau le Jeune et Freudeberg en 1776-
1783, pour servir à l'histoire des modes et du costume
dans le XVIIIe siècle, gravées au burin par Dubouchet.
Paris, Conquet, 1881, en feuilles, avec texte gravé, in-4.

Les mèmes gravures, épreuves du premier état, eaux-fortes
pures sur papier du Japon. 36 p. en feuilles.

445. Quatrelles. A coups de fusil, ouvrage illustré de
trente dessins originaux hors texte, par A. de Neuville.
Paris, Charpentier, 1877, in-4, d.-rel. mar., or.

Premier tirage. Envoi signé de M. de Neuville.

446. Saint-Pierre (Bern. de). La Chaumière indienne. *Paris, Curmer*, 1835, in-8, d.-rel. *Illustr. de Meissonier.*

447. Saint-Victor (Paul de). Hommes et Dieux. *Paris, Lévy*, 1867, in-8, d.-rel., ch. rou. *Envoi d'auteur.*

448. Scarron. Le Roman comique. *Paris*, 1697, 2 vol. in-12, cart. *Front.*

449. Scarron. Le Roman comique. *Paris, Jouaust*, 1880, 3 vol. in-8, br. *Eaux-fortes par L. Flameng.*

450. Sorel. La Vraie Histoire comique de Francion. *Paris*, 1858, in-12, front., d.-rel ch. rou.

451. Stendhal (Henri Beyle). La Chartreuse de Parme. Réimpression textuelle de l'édition originale, illustrée de 32 eaux-fortes par V. Foulquier. *Paris, Conquet*, 1883, 2 vol. gr. in-8, br.

> Exemplaire sur papier du Japon, contenant deux états des eaux-fortes dont le tirage à part.

452. Tassi. Vita di Benvenuto Cellini. *Firenze*, 1829, 3 vol. in-8, parch. *Portr.*

453. Treitzsaurwein. Der weiss Kunig : eine Erzahlung von den Thaten Kaiser Maximilian (Relation des actions de l'empereur Maximilien). *Vienne, Kurzboek*, 1775, 2 vol. in-fol., d.-rel. mar. br. *225 gravures sur bois d'après les dessins de Hans Burgmaier.*

454. Viollet-le-Duc. Dictionnaire raisonné de l'architecture française du XIe au XVIe siècle. *Paris, Morel,* 1867, 10 vol. in-8, d.-rel. ch. bl. *Fig.*

455. Viollet-Le-Duc. Dictionnaire raisonné du mobilier français de l'époque carlovingienne à la Renaissance. *Paris, Bance,* 1858, 6 vol. in-8, d.-rel. ch. bl. *Planches noires et en couleurs.*

456. Virgile. Les Bucoliques, trad. d'André Lefèvre. Illustrations d'Auguste Leloir. *Paris, Quantin,* 1881, in-18, d.-rel. mar. rou., tête dorée, n. rog. *Envoi de M. A. Leloir.*

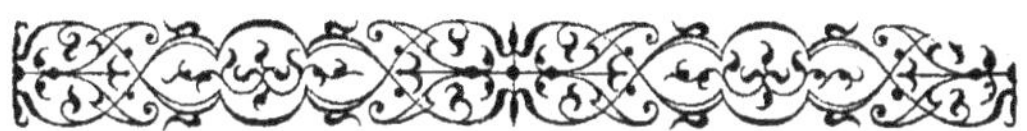

TABLE DES MATIÈRES

A PARIS

DES PRESSES DE JOUAUST ET SIGAUX

M DCCC LXXXIV

9 782329 496542